Rupturas

Rupturas

Cómo superar el desgarro que produce una experiencia dolorosa

CLAIRE MARIN

Traducción de Jorge Rizzo

alienta
EDITORIAL

Título original: *Rupture(s)*

Alienta es un sello editorial de Centro de Libros PAPF, SLU.
Av. Diagonal, 662-664
08034 Barcelona

www.planetadelibros.com

ISBN: 978-84-1344-035-4
Depósito legal: B. 11.058-2020
Primera edición: septiembre de 2020
Preimpresión: Realización Planeta
Impreso por Huertas Industrias Gráficas, S. A.

Impreso en España - *Printed in Spain*

El papel utilizado para la impresión de este libro está calificado como papel ecológico y procede de bosques gestionados de manera sostenible.

Somos tenaces y no se nos puede doblegar de la noche a la mañana.[1]

NIETZSCHE,
Segunda consideración intempestiva

1. Nietzsche, *Segunda consideración intempestiva*, Libros del Zorzal, Buenos Aires, 2006, p. 41.

Sumario

Introducción

Nuestra vida está hecha de rupturas

Nos gustaría que la ruptura fuera un corte repentino. Bien recto y limpio, de un solo golpe, como el mandoble de una espada que decapita. Pero la ruptura es desgarro. A diferencia de la separación, que hace posible que cada uno vuelva a ser la parte entera que era antes, con la ruptura, tal como dice la propia palabra, algo se rompe. Y raramente sigue una línea limpia. No rompemos como quien corta un papel por una línea de puntos, respetando cuidadosamente el patrón y recuperando la misma forma de antes. Desgarramos el tejido de una vida en común en la que las identidades de los unos y de los otros están tan mezcladas que ya nadie sabe exactamente dónde empieza uno o acaba el otro. Pero el que decide romper cree saberlo. Cree que puede dibujar la sombra por la que percibe que pasa su silueta y quiere deshacerse de esa zona borrosa e imprecisa, de las presencias que le agobian, de los vínculos que le impiden ser él mismo.

La ruptura limpia, como una cifra que al dividirse no deja resto, es sin duda algo imposible. Retomando las palabras de Nietzsche, no podemos, «pues se funde en el presente como número que no deja sobrante ninguna extraña fracción».[2]

2. Nietzsche, *Sobre la utilidad y los perjuicios de la historia para la vida*, Editorial Edaf, Madrid, 2000, p. 36.

Aun rotos, los vínculos pueden mantenerse sensibles, como miembros fantasma, testimonios de una antigua vida. Queda el rastro de todo lo que esta última ha dejado grabado en nosotros. De lo que se ha filtrado, integrado en nuestra propia carne, en nuestros pensamientos, en nuestro modo de comprender la vida y de ser. Todo lo que implica, la cola indefinida del cometa, lo que perdura, lo que sigue vigente a nuestro pesar. Es imposible pasar página del todo; vemos a través de ella, como si fuera transparente, todo lo que hay escrito, la vida de antes queda grabada como una marca de agua. No se trata de una pizarra mágica que conserva el rastro de los dibujos borrados; el lápiz táctil ha dejado su marca en la superficie y aún se intuye bajo los nuevos bocetos. El subconsciente se ocupa de recordarnos esos rastros espectrales y hace imposible desviar la atención del todo.

¿Podemos realmente, pues, cortar por la línea de puntos y pasar a otra cosa? ¿Cómo liberarnos de esas ataduras que se han convertido en algo natural con el paso del tiempo, cómo extraer de nuestro interior la costumbre de la presencia del otro, de su cuerpo, de su voz? ¿Cómo romper con su entorno, cambiar de postura, aprender a mantenernos en pie, hablar el idioma de los otros? Romper con nuestra antigua vida es cambiar nuestra forma de ver las cosas, pero es también cambiar de cuerpo, de forma. Es cambiar la modalidad de nuestra presencia, el tono de nuestra afirmación. La ruptura implica una profunda mutación en la que el cuerpo juega un papel central.

La ruptura es una experiencia física, corporal. Experimentamos el dolor de la ruptura como un desgarro. Es la experiencia concreta de la «carne del mundo» del filósofo Merleau-Ponty, concepto que siempre me ha parecido abstracto y poético a la vez. Los vínculos con los demás y el mundo que nos rodea nunca son tan sensibles como en el momento en que los perdemos, o más exactamente en el momento en que nos separamos traumáticamente de las personas importantes de nuestra vida, de nuestra estructura familiar, de una vida en común que llevamos grabada en nuestro interior, a fuego. Tu cuerpo ausente al despertarme, tu voz que ya no me responde, pero también la casa en ruinas, el cielo sin relámpagos. Ese niño, el nidito de amor... los echamos de menos como la comida o el agua cuando tenemos hambre o sed. La violencia de la nostalgia nos impide dormir, comer, trabajar, vivir, porque sentimos la vida interrumpida, quebrada. Hemos vivido juntos y ahora estamos separados, mutilados por ese desgarro, por ese desarraigo. El recuerdo, demasiado vivo, es nuestro verdugo. Habrá que describir todos esos «fragmentos de recuerdos»[3] dolorosos, el ácido de la ruptura amorosa, la desolación de la depresión, la ralentización, la desaparición del sujeto, que va borrándose, evaporándose. Que pierde su densidad o que, por el contrario, sólo percibe sensaciones intensas, constantes destellos de dolor.

Incluso cuando la ruptura es voluntaria, decidida, incluso cuando se inscribe en una afirmación del propio ser, en una revelación de una identidad hasta entonces callada, en una liberación de la persona, sigue siendo dolorosa. Nunca es fácil asumir el desapego o la violencia que nos han obligado a separarnos, esa transformación en otro ser que quita valor a nuestros seres más próximos, quizá incluso a nuestro pesar. Nunca es fácil regresar a Reims.[4]

Igual de difícil es volver a Argel o a Nom Pen. El dolor del exilio, la nostalgia, son otra marca profunda dejada por esas rupturas impuestas por la guerra. El hombre que vuelve

3. Vincent Delecroix, *Ce qui est perdu*, Gallimard (Colección Folio), París, 2009.

4. Cf. Didier Eribon, *Regreso a Reims*, Libros del Zorzal, Buenos Aires, 2015.

a su pueblo, el *homecomer*, ha perdido el pueblo que dejó, se ha convertido en un extraño.[5] Su extrañeza es doble. Partir es romper dos veces, con lo que se era y con una cierta ilusión, la de sentirse de algún sitio. Es renunciar a ese bienestar psicológico de ser legítimo a los ojos de los demás. Es romper con la esperanza de un reconocimiento. Exiliados, gente que cambia de clase social, homosexuales... nadie les guarda un sitio. Tienen que buscárselo como pueden.

Todos recibimos golpes en la vida, todos vivimos experiencias dolorosas. Pero no todos reaccionamos del mismo modo. Fragilidad o solidez interior. La tortura es una torsión. La misma palabra lo dice. La ruptura, sea buscada o no, nos inflige una torsión psicológica y física insoportable, nos somete a una deformación de nuestra identidad, de nuestra existencia. Y con esa deformación nos convertimos en seres monstruosos. A nuestro pesar.

Deformados por la infelicidad, por la vergüenza del rechazo, por la violencia del desamor. O por algún ser cruel, que se va y no vuelve, abandonando a mujer e hijos, que reniega de sus padres, de sus orígenes, que se burla de la ley, de los valores, de la religión. Quienes sobreviven a todo ello son las personas más plásticas, que soportan la deformación gracias a su particular «columna vertebral». Algunas estructuras son sólidas y elásticas a la vez. Los que cuentan con algo así son los que soportan mejor la ruptura.

Las rupturas son nuestras, tanto si las decidimos nosotros como si las sufrimos. Romper con la familia, con los amigos, con la pareja, con el entorno, cambiar de trabajo, de país, de idioma... Las rupturas nos forman, quizá más aún que los

5. Sobre este tema, véase la obra de Alfred Schütz, *L'Étranger*, suivi de *L'homme qui revient au pays*, Allia, París, 2017.

vínculos. Lo que nos define se crea tanto con las bifurcaciones como con las líneas rectas, tanto con los desvíos de la ruta, con los incumplimientos de contrato como con el contrato en sí. ¿Qué nos enseñan estas «derivas» que nos desvían de nuestra vida? ¿En qué se basa su acción reveladora o creadora? En que interrogan al sujeto, sea en la exaltación de una libertad nueva o en una soledad dolorosa, y en que le obligan a redefinirse o quizá a renunciar a la propia idea de la definición personal.

La ruptura no es necesariamente visible, estrepitosa; a veces se produce sin un cambio flagrante, a través de decisiones interiores, de una nueva orientación, del abandono de ciertos aspectos de la existencia, que se apagan. Desaparecen entidades, modos de ser, sin explicación alguna. Abandonamos ciertos lugares, nos alejamos de ciertas personas, nos fundimos con un nuevo estilo de existencia. ¿Se trata realmente de una ruptura o simplemente de una evolución, de una modificación interior, de una mutación? La misma idea de romper con la persona que se ha sido quizá no sea más que una ilusión. Se produce una ruptura real cuando tiene lugar una profunda transformación de los esquemas de acción y de pensamiento del sujeto. Cuando se rompe con lo que podríamos llamar nuestro «hábito de ser».[6] Pero ¿hasta qué punto puedo convertirme en otra persona? Y ¿hasta qué punto lo necesito? Puede tratarse de una necesidad vital, de subsistencia física. Me desprendo del otro para ser por fin yo mismo. La ruptura es tanto condición de mi nacimiento como de mi renacimiento.

Siempre hay que romper para «salvarse», huir y salvar el pellejo, salvarse rompiendo con quien amenaza u obstaculiza nuestra existencia. Y eso es aplicable a los demás,

6. Flannery O'Connor, *El hábito de ser*, Ediciones Sígueme, Salamanca, 2004.

pero quizá también a uno mismo, a esa parte de mí que me censura, que me frena. Con la ruptura conseguimos crear las condiciones necesarias para la aparición y la realización de la propia identidad. Romper para sacar a la luz la persona que queremos ser, para existir en primera persona y no como una marioneta o como un fetiche. Asumir la propia identidad pese a que pueda parecerles incómoda, decepcionante o imposible a los demás, y en particular a los más cercanos. Aceptar el desafío de convertirse en otra persona, para lo cual la ruptura resulta imprescindible.

Pero ¿qué pasa cuando la ruptura es involuntaria, cuando la sufrimos, cuando llega como un accidente, en forma de catástrofe o de tragedia? Lo que algunos llaman «paréntesis de la existencia» —la enfermedad, la depresión, el duelo— no son tal cosa; la mayoría de las veces provocan una profunda modificación del modo de pensar y de vivir. Son en sí mismos un principio de ruptura que puedo reconocer, reivindicar, en la óptica de una nueva vida, como si esa prueba de fuego me hubiera purificado, liberado de la escoria de la existencia, pero que también puedo negar y dejar atrás como una experiencia sin consecuencias. Caso cerrado, asunto archivado sin más. Pero la grieta que ha puesto en evidencia ese drama va creciendo sin parar, en silencio, y las fisuras de cada uno son las premisas de las rupturas del futuro. Las heridas del niño hacen que el futuro adulto en que se convertirá sea más frágil.

Si ciertos acontecimientos provocan rupturas, ¿no puede ser que no sean más que el detonante o el pretexto? ¿No hemos dicho que la grieta interior ya llevaba allí mucho tiempo, esperando el momento de propagarse y hacernos explotar? A menudo pensamos en el nuevo sujeto, surgido de una ruptura existencial, como en un diablo salido de su jaula. Hablamos de «renacimiento», de «un nuevo inicio».

Tenemos muchos modos de definir esa segunda oportunidad que recibe el sujeto para ser una versión más intensa o más auténtica de sí mismo. Como si la ruptura permitiera un acercamiento a su propia identidad, a una personalidad genuina de la que nos habían alejado la sociedad, la familia, el mundo en general. Pero esa dialéctica positiva en la que la ruptura nos revela nuestro propio ser puede ocultar un engaño fundamental: suponemos, efectivamente, que existe ese «propio ser», una identidad verdadera, completa, que ofrece al sujeto la capacidad de realizarse en su singularidad, de expresar su individualidad, de desarrollarse. Pero esa «nueva vía», esa metamorfosis del sujeto, ¿no será más bien un consuelo, una reconstrucción *a posteriori* necesaria para poder soportar el drama, para dar un sentido a la absurdidad de la muerte, de la enfermedad, del accidente?

La idea de la ruptura reveladora presupone la existencia de un esbozo del ser, de una esencia que hay que plasmar, de una vocación, de un destino. La ruptura, al ponerme a prueba, me permitiría llegar a lo más profundo de mi identidad. El dolor tendría sentido y cada uno de nosotros una identidad propia. Pero ¿soy realmente el producto de esas rupturas? ¿Soy únicamente el efecto de los accidentes, del azar, un ser modelado por el efecto exterior? ¿No es la suma de esas pequeñas rupturas incesantes y desapercibidas lo que me convierte en lo que soy? Si es así, seríamos más «objetos rotos» que «sujetos que rompen», pasivos, sufriendo las fracturas de nuestra existencia, que van redibujando nuestra vida.

¿Y qué significa quedar «roto»? ¿Soy únicamente un ente pasivo cuando recibo el golpe, cuando soporto ese destrozo? ¿Tan débil soy? En este caso hay que considerar que lo que se rompe deja cicatrices de las que se aprende. El que ha sufrido la «rotura» descubre su poder de resistencia. Mi capacidad de soportar dice mucho de mi fuerza.

Lo que aún no sabemos es por qué algunos ceden y se hunden bajo la violencia del desgarro, mientras que otros se sorprenden de seguir vivos, pese a sentir que les han amputado una parte de su vida. ¿Qué es lo que determina que quede roto por dentro o, al contrario, reforzado tras el golpe? ¿Qué podemos hacer con nuestras rupturas? ¿Y qué pueden hacernos ellas?

Después de Nietzsche y Kierkegaard,[7] ¿hay que seguir pensando en la ruptura? Sí, sin duda, porque ha cambiado de forma, porque está más presente, porque podría ser la nueva forma, el futuro de nuestra existencia, en general. Puede que hayamos entrado en una época de la ruptura o en un momento de ruptura. En el plano ecológico —y, por tanto, económico y político— tenemos que replantearnos de manera urgente nuestro modo de vida, nuestra forma de comunicar, de movernos, nuestra afición a acaparar riquezas, y dejar de negar el agotamiento de los recursos al que nos conduce esta conducta. Asumir la ruptura sería una demostración de madurez frente a la necesidad de un cambio vital, sea en el plano de la existencia individual o en el de la supervivencia colectiva. Eso demostraría que somos conscientes de nuestras responsabilidades. Pero también hay que integrar la idea de un cambio necesario, de una catástrofe venidera, y dejar de creer en la permanencia del mundo, en una replicación indefinida de la naturaleza. Aceptar que el modelo no es ya cíclico, sino que nos enfrentamos a un momento de ruptura ecológica. Eso exige afrontar nuestra

7. Nietzsche y Kierkegaard han abordado la cuestión de la ruptura, respectivamente, en el plano cultural e historiográfico y en el plano moral y personal. Véase Nietzsche, *Segunda consideración intempestiva*, Libros del Zorzal, Buenos Aires, 2006; y Kierkegaard, *La repetición*, Alianza Editorial, Madrid, 2009.

tenencia espontánea a la negación, ante la perspectiva de grandes rupturas como la alteración (la alteración de la naturaleza o de los hombres) o la pérdida definitiva. Tenemos que afrontar nuestros grandes miedos y reflexionar sobre una pedagogía de la ruptura.

Pero también nos encontramos en un momento de ruptura, que se ha introducido desde hace décadas en el horizonte cotidiano, articulándose (¿engañosamente?) en torno a una cierta idea de la libertad (o del capricho y de la inconstancia): las parejas se tambalean, las familias se recomponen como en un juego de cartas, minimizando el dolor de la ruptura y su gravedad. Podemos separarnos con «consentimiento». La ruptura, convertida en algo estadísticamente banal, puede decir mucho del individualismo y de las reivindicaciones de «felicidad» y de «realización» de cada uno. En el mundo laboral, cambiar de paradigma, sobre todo por influencia de las innovaciones tecnológicas, se ha convertido en el criterio fundamental de una especie de selección natural. Para cuando se publique esta obra, los ejemplos que podría contener de mutaciones tecnológicas serán ya obsoletos. Adaptarse, ser flexible, nómada, sin ataduras. Pasar de un patrón de comprensión a otro. Inventar nuevos códigos para interpretar y, sobre todo, rentabilizar el mundo. Pero también soltar lastre, desembarazarse de lo que nos ralentiza, de lo que no nos deja seguir el ritmo. Las rupturas de nuestro tiempo son implacables.

Sí, esas rupturas contemporáneas son visibles, identificables, pero los desgarros de la existencia no son tan nuevos. Han asolado la vida de los hombres desde siempre. ¿Qué vida no se ha encontrado con bifurcaciones, hoyos, lagunas en la historia, derivas? Y tampoco hay que olvidar los paréntesis invisibles, las traiciones ocultas. ¿No es toda vida, como decía Deleuze, «una frase casi disparatada, con sus cambios de dirección, sus bifurcaciones, sus rupturas y sus saltos, sus estiramientos, sus brotes, sus paréntesis»?[8] A veces hace falta una primera ruptura para ser capaz de ver y de soportar todas las demás. Como suele ocurrir, la enfermedad impone su efecto lupa: lo que muestra amplificado existe en una escala más discreta en nuestro día a día. La discontinuidad de nuestra existencia y, quizá incluso, a un nivel más profundo, de nuestra identidad. Los relatos biográficos oficiales, las autobiografías o las historias narradas de todos los días liman las asperezas de la existencia, pero no hay vidas sin roces. La enfermedad da visibilidad a esas fisuras en nuestras existencias, brechas dolorosas, pero hay que reconocer que las experimentamos todos, a veces en secreto, con vergüenza.[9] La vida no es lógica y coherente, no se compone de líneas visibles, de caminos evidentes, de destinos... Es, al contrario, indecisa, imprevisible, incierta, las tormentas se abaten brutalmente sobre las cosas livianas, las tragedias nos asolan y se repiten hasta convertirse en algo banal.

Me resistiré en esta obra, como en las precedentes, por obstinación o por convicción, a la tentación de dejarme llevar por el optimismo, descartando las lecturas que dan una visión simplista y positiva de la ruptura y de los nuevos inicios. A todos nos gustaría ver en la ruptura la ocasión de una nueva vida, de una página en blanco, darle un valor retrospectivo a un fracaso transformándolo en conocimiento, en

8. Gilles Deleuze, *Crítica y clínica*, Anagrama (col. Argumentos), Barcelona, 2006.

9. Como bien dice Olivia Rosenthal en su obra inspirada en la enfermedad de Alzheimer *On n'est pas là pour disparaître*, Gallimard (col. Verticales), París, 2007, p. 76: «Para recuperar el camino de la existencia, hay que tener en cuenta las vicisitudes, las heridas, los desfallecimientos que la componen: rupturas, desfallecimientos, heridas que no siempre se leen en las biografías oficiales. La existencia es desigual y está llena de baches, como bien sabe, mejor que nadie, quien sufre la enfermedad de A.».

riqueza, en experiencia. El fracaso tendrá sus virtudes —¿de verdad?—, pero la ruptura a veces no es más que una desgracia, el efecto de la falta de valor, de la dejadez. La constatación del fracaso de una pareja, de una familia, de una amistad, de una política, de un proyecto. Y el fracaso, en muchos casos, no es más que eso mismo, miseria, una decepción, un puro desastre. La mayoría de los fracasos no nos aportan nada. Peor aún, a menudo nos hundimos y nos quedamos bloqueados, como si fueran inevitables, y paradójicamente nos alegramos de su repetición, casi reconfortante. El psicoanálisis tiene algo que decir al respecto. Hay que dejar de esperar que la experiencia nos haga sentir mejor, cuando son tan pocos los ejemplos a nuestro alrededor que confirmen ese extremo. «Después de los filósofos griegos, sólo los filósofos se creen que la vida se aprende por ensayo y error.»[10] Las derrotas precedentes no me hacen sentir más aguerrido en vísperas de una nueva aventura, sino más bien susceptible de perderme de nuevo por el mismo camino.[11] Es posible que al final no haya aprendido nada de nada.

10. Mathieu Potte-Bonneville, *Recommencer*, Verdier, Lagrasse, 2018, p. 35.

11. Ibíd., p. 37: «Cada nuevo inicio trae consigo los tropiezos del principiante que creíamos haber dejado atrás».

1

La imposible fidelidad a uno mismo y a los demás

A veces es necesario desviarse, cuando el camino emprendido parece trazado por otros y no es fruto de un descubrimiento personal. Cuando nuestros pies caminan solos, sin la cabeza ni el corazón. Mis actos hablan por mí, me definen, pero también me obligan, de un modo a veces apremiante. Definen mi personalidad, pero también crean un personaje del que me gustaría deshacerme. Mi libertad, sin proponérselo, crea un efecto de determinismo que puede llegar a la alienación. No hace falta ser Sartre para sentirse prisionero de las expectativas de los demás, aun cuando esas mismas expectativas deriven de una elección que ha hecho uno mismo en el pasado.[12] Paradoja de la libertad: lo que hemos decidido, con plena conciencia, con convicción, con coraje o con placer, se convierte en nuestro yugo. El deseo que hemos alimentado durante tanto tiempo se transforma en una

12. Es lo que explica Sartre en una entrevista concedida a la televisión canadiense, en 1967, hablando del peso de los compromisos. Sus tomas de posición en política le han encasillado en un cierto papel, lo que ha hecho de él un intelectual comprometido, etiqueta que le pesa y que le obliga. Véase Madeleine Gobeil-Noël y Claude Lanzmann, *Sartre inédit. Entretien et témoignages. Entretien à la télévision Radio Canada (15 août 1967)*, DVD, Nouveau Monde Éditions, París, 2005.

trampa. ¿Debemos continuar pasivamente haciendo lo que los demás esperan de nosotros? Eso, de alguna manera, sería renunciar a uno mismo: seguir actuando como hemos hecho siempre, contentándonos con alguna sutil variación. Y eso a pesar del desaliento provocado por la repetición, de la desaparición del placer; a pesar de la necesidad de «pasar a otra cosa». ¿O hay que correr el riesgo de perderlo todo lanzándose de cabeza hacia algo completamente diferente?

Quizá ya no sea posible ser fiel. La fidelidad a los amigos, a un amor, a la familia o a uno mismo se vuelve algo inalcanzable. Hay lealtades que dejan de ser vínculos para convertirse en una soga que nos aprieta el cuello. «Me ahogo», decimos, llegados a ese punto. La constancia deja de ser efecto de un deseo interior; se convierte en una construcción artificial, en un esfuerzo agotador para intentar ser uno mismo, para seguir con el mismo papel cuando ya se ha dejado de creer en él. No somos más que una sombra de nosotros mismos, repetimos los gestos que hacíamos antes, sin vivirlos. El que llega a esta situación ya se ha ido, está fuera de esa identidad de antes, de esa relación ya muerta, reproduce los gestos de lo que ha sido, convirtiéndose casi en una caricatura de sí mismo. Como el criado de Sartre en *El ser y la nada*, interpreta una imitación patética. Es de «mala fe», en el sentido existencial, se miente a sí mismo, fingiendo ser lo que ya no es. No es más que una sombra de sí mismo, ajeno a esta vida en la que tiene la impresión de morir a fuego lento. Cuando ser fiel a uno mismo supone tanto esfuerzo que vivir se convierte en una impostura recreada constantemente, resulta imposible asumir nuestro rol habitual. No nos queda más remedio que huir y traicionar nuestros compromisos.

A veces se produce un ligero desfase, un leve contacto que hace que explote el yugo, que nos liberemos de una vida que ha acabado constriñéndonos demasiado: «Las cosas explotan o nos hacen explotar, las cajas son demasiado pequeñas para su contenido, los alimentos son tóxicos o venenosos».[13]

Lo que hasta este momento me ha alimentado, rodeado, protegido, ahora me devora, me consume. La costumbre es un *pharmakon*: a largo plazo, el medicamento es también el veneno. Lo que me contenía me oprime, lo que me abrazaba me ahoga. El sujeto sufre de un desajuste de identidad. Su vida le oprime, está hundido en una existencia que lo bloquea, necesita aire, querría escapar, huir de todo. Ese deseo de expansión, de «dilatación» se expresa a través de la necesidad de cambiar de espacio geográfico, afectivo, profesional, psicológico. Necesita salir de la caja en que se ha convertido su vida. Una caja de dimensiones fijas, con una capacidad limitada. Necesita algo nuevo, movimiento, posibilidades. Vida.

Puede suceder que un suceso de gran entidad psicológica nos haga imposible permanecer como estábamos, por la metamorfosis profunda que engendra en nosotros, por su propia acción reveladora. Tras el reencuentro con un ser que me toca y me estremece con el amor o la admiración que hace nacer en mí, tras una enfermedad o el *shock* de un accidente, la pérdida inconsolable de un ser querido, me quedo tan profundamente descolocado que ya no puedo seguir siendo fiel a lo que era antes. El cambio se vuelve necesario. Es imprescindible que ese cambio de dirección interior, esa modificación íntima se vuelva visible, en aras de la verdad, pero también porque es algo que hay que vivir, que hay que reflejar con actos, que hay que manifestar ante el mundo. No puedo seguir siendo fiel a la imagen que tienen los otros de mí, ni asumir mi papel habitual; me he convertido en alguien demasiado diferente.

13. Gilles Deleuze, *Crítica y clínica*, Anagrama, Barcelona, 2006.

Cuando el individuo se siente llamado, captado, reclamado por algo más fuerte que él mismo —la pasión, el sufrimiento—, cuando se ve desposeído y redefinido por una fuerza superior a la suya —el amor, el dolor, la desolación—, no puede contenerse y seguir siendo quien era hasta entonces, sin más. Tiene que convertirse en otra persona para no sucumbir.

¿Qué pueden hacer en ese caso los que aún lo quieren y lo retienen? ¿Aceptar su incapacidad para mantener el papel de siempre, su renuncia? Aceptar significa decidir ver algo más que dejadez y reconocer la incapacidad real de la persona afectada ante el suceso (la enfermedad, el enamoramiento, el embarazo) que la embarga o que la aplasta con su envergadura, que la transforma interiormente.

Es fácil de decir. ¿Realmente soy capaz de dejar que se aleje de sí mismo, que se convierta en otra persona diferente a la que conozco y a la que amo? ¿Puedo concederle esa renuncia, ese exilio lejos de sí mismo, a riesgo de perderlo? ¿No es más fuerte la tentación de hacer lo que haga falta para retenerlo a mi lado, para intentar que conserve su identidad anterior, evocando la moral (sus compromisos), las emociones, la memoria, para encerrarlo en esa identidad que ya no desea, que ya no soporta? No hay duda de que no sirve de nada recurrir a todos los artificios posibles para impedirle vivir lo que está convencido que debe vivir.

Hay que constatar la violencia de la transformación para el sujeto en cuestión, pero también la violencia que supone esa metamorfosis para sus seres cercanos, para todos los que querían mantener esa proximidad. La ruptura los separa a su pesar. Esa persona cambia hasta el punto de resultar quizá irreconocible: ¿es ése mi hijo, ese adolescente en el que se ha convertido? ¿Es ésa mi mujer, la que me deja por ese hombre joven? ¿Es ése mi hermano, el que apoya a un partido xenófobo? ¿Quién es ese extraño que ha ocupado el lugar y que ha adoptado el aspecto de la persona que tanto quería? ¿Quién es esa cucaracha en la habitación de Gregor?[14] En un efecto bumerán surgen las cuestiones sobre nuestra propia ceguera: ¿cómo he podido engañarme hasta este punto, yo que he estado tanto tiempo a su lado? La posibilidad y la libertad de ser otro ponen de manifiesto, de manera dolorosa, las ilusiones del amor y del afecto: la ilusión de una propiedad y de una proximidad, de la transparencia del ser amado. La familiaridad a veces no es más que una impresión. El otro puede sorprendernos, desestabilizarnos, dejarnos perplejos con algo que diga o haga y que nos parezca inimaginable. No sólo no me pertenece, sino que puede convertirse en cualquier momento en una sorpresa, en otra persona, alarmantemente extraña.

A veces esa transformación del sujeto supone una liberación. A veces es una renuncia a lo que nos sobrepasa. La grieta se agranda. Ya no es posible luchar. Romper, abandonar a los nuestros, el trabajo, el país, es atribuirse el derecho de rendirse ante esa fuerza que toma las riendas y que se impone a nuestros compromisos, nuestras promesas, nuestras lealtades; dejar de fingir que somos lo que no conseguimos llegar a ser o lo que no conseguimos mantener. Me gustaría ser fiel, pero ya no tengo fuerzas para serlo, necesito otra cosa cuya fuerza me dé vida. Me gustaría ser la persona que conocen y quieren mis seres más cercanos, pero la enfermedad me ha transformado, el atentado me ha conmocionado, la agonía de un ser querido me ha vaciado por dentro, el exilio me ha descolocado. Ya no puedo ser lo que era, por ahora o para siempre. He visto la posibilidad de algo diferente que ha hecho que ser fiel a mí mismo y a los demás me parezca una comedia y una impostura. Ya no puedo mantener la misma despreocupación de antes de vivir ese trance, no pue-

14. Cf. Kafka, *La metamorfosis*, Alianza Editorial, Madrid, 2011.

do hacer como si no hubiera oído esos insultos, como si no hubiera sufrido esa agresión. No puedo negar lo que he perdido. La ligereza, la confianza, esa ilusión de cara al futuro. No puedo fingir que la irrupción de ese evento nuevo no habría alterado el equilibrio íntimo de mi personalidad. El evento traumatizante a veces es antiguo y, de pronto, se reactiva por un cambio de circunstancias. El nacimiento de un hijo, una nueva responsabilidad profesional, un viaje, un reencuentro. Ese desfase descentra al sujeto, que se agita como una brújula enloquecida. Ya es imposible mantener el rumbo de antes. Ya no soy digno de la confianza y la paciencia de mis seres próximos, de mis amigos. Me siento en deuda, pero esa deuda es insalvable. Ya no puedo más, no podría ser lo que esperan de mí. Me descubro impotente ante la fuerza de otros afectos, de otras necesidades, de otras dependencias. Eso en ocasiones puede significar que cedo ante mis demonios, que me dejo arrastrar por una lógica de la destrucción. La ruptura es dolorosa cuando descubrirse tan impotente es para el propio sujeto una profunda decepción. Querría ser lo que se espera de mí, estar a la altura de las expectativas. Al sufrimiento de la decepción, de decepcionarse a uno mismo, se une la vergüenza al pensar que no somos más que una fuente de decepción. «I cheated myself like I knew I would»,[15] canta desesperadamente Amy Winehouse, que se suicidará unos años más tarde. La incapacidad de llegar a ser lo que querríamos ser es causa de un profundo sufrimiento. A veces la ruptura va ligada a la tentación de la deriva: llegar hasta el final de un proceso que sabemos que acabará mal, el poder de la destrucción. En ese caso no se trata tanto de afirmar como de «desaparecer de uno mis-

15. «Me he mentido a mí misma, como sabía que haría.» Amy Winehouse, «You know I'm no good», *Back to Black* (Universal Records, 2006).

mo».[16] Nuestra modificación es la huella que deja la violencia en nosotros mismos, estigma de una fractura que nos ha transformado y de la que no vamos a recuperarnos. Desgraciadamente, a veces se rompe para seguir una locura personal, una línea de bruja. Toda ruptura conlleva la esperanza de encontrarse y el riesgo de perderse.

16. Tal como expone el sociólogo David Le Breton en *Desaparecer de sí*, Siruela, Madrid, 2016.

2

La ruptura amorosa

No está demostrado, en absoluto, que la vida de pareja sea buena y que la ruptura amorosa sea un accidente patológico.[17]

VINCENT DELECROIX

Cuando se produce una ruptura amorosa, queda un sentimiento que los examantes siguen compartiendo, el de una fractura íntima, en estrecho contacto con su intimidad. Sea decidida o sufrida, la ruptura supone plantearse lo que somos o lo que creemos ser, nos sacude, nos pone en cuestión. Ante una ruptura uno puede tener la impresión de que es una pena, un terrible error o, al contrario, que es necesaria. Aunque seamos la parte que la sufre, aunque la padezcamos. Podemos reconocer que esta decisión y las acciones que la llevan a término dan salida a una verdad interior que ya no podemos mantener callada. Seguir adelante sería negar el poder de la modificación que se ha operado en nuestro interior. La fidelidad a nosotros mismos —y a la persona que amábamos— se ha convertido en algo imposible, porque ya

17. Vincent Delecroix, op. cit., pp. 106-107.

hemos roto interiormente, nos hemos vuelto diferentes a causa de Otro. Un nuevo objeto de amor —una mujer, un hombre, un niño, una obra—, otra pasión —ganar, triunfar, seducir, crear— se ha inmiscuido entre los amantes y se ha producido una separación, una distancia. Una experiencia nueva, feliz o trágica, ha sacudido con fuerza nuestro concepto de nosotros mismos, ha desviado los polos de nuestra existencia, remodelado nuestros afectos. Esta sacudida interior no puede mantenerse en secreto por más tiempo. Esa profunda conmoción de nuestra definición quizá lleve un tiempo gestándose. La resquebrajadura, la duda sobre nosotros mismos existía ya, pero ha ido haciéndose cada vez más pronunciada a medida que aumentaba nuestra transformación.

Esta perspectiva es la que hace que solamos plantearnos que la ruptura amorosa nos revela nuestra propia identidad. Así, pues, sería la expresión de una verdad íntima, la afirmación de una nueva identidad incompatible con la antigua y con los compromisos aceptados. La intensidad experimentada («sentirse vivo») sería el signo evidente de la autenticidad, de la coincidencia con uno mismo. Pero quizá la emoción de la nueva vida no se deba al descubrimiento de nuestra identidad, sino al hecho de dejarla atrás.

¿No sentimos a veces la tentación de romper para liberarnos de la fatiga de ser nosotros mismos, del peso de una existencia que amenaza con seguir así por siempre? Romper vínculos puede ser toda una liberación. Desahogo ilusorio de quien rompe, espoleado por la esperanza de una vida más densa. ¿No es precisamente para huir de una identidad decepcionante y, por tanto, profundamente mía por lo que huyo de mi antiguo amor como si fuera el responsable del empobrecimiento de mi propio ser? Eso es lo que evoca Michel Butor en *La modificación*. El personaje principal, Léon Delmont, que sois también «vosotros» en la novela, en segunda persona del plural, se plantea dejar a su mujer Henriette por Cécile, su amante italiana. La ruptura le parece al principio la posibilidad de una vida nueva: «Esta ruptura era necesaria y urgente, ya que esperar unas semanas más habría significado perderlo todo, habría supuesto un tedioso calvario, y vosotros no habríais tenido de ningún modo el valor. Por fin se acercan la liberación, y unos años maravillosos».[18]

Para definir su último viaje a Roma, el narrador habla de «evasión». Sin embargo, desde la partida, se instalan las dudas. El malestar no se limita a la relación con su mujer, no bastará con cambiar de lugar y de compañía para hacerlo desaparecer. El problema está en él, más que en la relación conyugal:

> Este viaje debía ser una liberación, un rejuvenecimiento, una gran limpieza de cuerpo y de mente; ¿no deberíais sentir ya los efectos beneficiosos de la exaltación? ¿Qué es esa laxitud que os embarga, que casi llamaríais enfermedad? Es la fatiga acumulada a lo largo de los meses y de los años, contenida por una tensión que no ceja, que ahora se venga, que os invade, aprovechando esas vacaciones que os habéis concedido, como aprovecha la gran marea la mínima fisura del dique para sumergir bajo su amargura esterilizadora las tierras hasta entonces protegidas por el muro.[19]

Este último viaje de ida y vuelta París-Roma se convierte en el espacio de un camino interior y la decisión de romper acaba convirtiéndose en lo contrario: «metamorfosis oscu-

18. Michel Butor, *La modificación*, Ediciones Cátedra, Madrid, 1988.
19. Ibíd.

ra», «cambio de punto de vista», «rotación de los hechos».[20] La ciudad de Roma y el fantasma de otra vida forman un cuadro imaginario del que la amante italiana no es más que un elemento como cualquier otro.[21] Su belleza se marchita desde el momento en que surge de ese marco del deseo. ¿Qué será de Cécile, una vez instalada en la cotidianidad de la vida parisina? Otra versión de Henriette. A fin de cuentas, cualquier vida nueva no será más que una variación de la antigua. ¿Se puede crear con la ruptura amorosa una existencia radicalmente nueva? ¿De qué o de quién podemos deshacernos realmente?

De un modo más profundo, y quizá más trágico, hay quien rompe con la esperanza de huir de sí mismo. La ruptura tiene entonces algo de liberación: dejar de ser uno mismo. Romper, así, no es tanto la búsqueda de una verdad interior, sino la tentación de ir en busca del vacío, el placer de cancelar o negar la propia identidad, una liberación a través de la desaparición. Ya no soy el amante que era antes; soy yo de verdad. Su amor me obliga, me ata, me inscribe en una realidad de la que quiero salir. Así que recurro a formas de amor en las que pierdo la memoria, como quien se sumerge en las aguas en las que acaba ahogándose. Con la ruptura amorosa, uno suele imaginarse que quien rompe se deshace de su antigua vida, como una serpiente se libera de su piel muerta. Pero son pocos los que parten realmente con ánimo ligero. El que rompe suele quedar tan roto como la persona a la que ha dejado.

Contamos con el nuevo amor para protegernos, para «llenar el vacío».[22] Pero la «grieta» está en nosotros, no hay

20. Ibíd.

21. Cf. ibíd.: «Vosotros amáis verdaderamente a Cécile sólo en la medida en que es, para vosotros, el rostro de Roma, su voz y su invitación».

22. Ibíd.: «Toda la sangre, toda la arena de mis días me agotará en vano, en mi esfuerzo por recuperarme».

nada que pueda reforzar esa fragilidad íntima.[23] La pasión amorosa, lejos de sellar la fisura, ha ampliado su abertura. Es lo que acaba reconociendo Léon Delmont. Para calmar su inquietud existencial, tiene que contar consigo mismo, y no con una mujer, un rostro lejano e idealizado. Tiene que escribir sobre esas idas y venidas sentimentales para descifrar su significado.

Lo que siente el individuo abandonado nos enseña algunas verdades sobre el amor. La rotura se percibe perfectamente en el plano psicológico. Violencia del desamor, herida al amor propio; la ruptura amorosa supone un ataque devastador para el ego. «Tu silueta se pierde como un pequeño detalle en el paisaje»,[24] escribe Lou Andreas-Salomé a Rilke en una carta de ruptura. ¿Quién permanecería insensible ante esas palabras, pronunciadas o escritas por el ser amado? ¿Qué hay de cierto en las palabras de ruptura? ¿Ariane, la heroína de *Bella del señor*, es la «mujer que desagravia a todas las mujeres» o bien una completa «idiota»? Para el escritor Philippe Forest, se trataría de no preocuparse tanto: «En el amor, en el fondo, lo que se dice es siempre cualquier cosa y nunca significa nada».[25] De este modo, las declaraciones de amor no valdrían gran cosa. Pero ¿y las declaraciones

23. Cf. ibíd.: «Pero ahora que se ha declarado [esta fisura gigante] ya no puedo esperar que cicatrice o que llegue a olvidar, puesto que da paso a una caverna que es su razón de ser, presente en mi interior desde hace mucho tiempo, y no puedo pretender taponarla, porque comunica con una inmensa fisura histórica».

24. Lou Andreas-Salomé y Rainer Maria Rilke, *Correspondencia*, Olañeta, Palma de Mallorca, 2004; carta de Lou Andreas-Salomé a Rilke del 26 de febrero de 1901.

25. Philippe Forest, *Le Nouvel Amour*, Gallimard, París, 2007, p. 127.

de desamor? ¿No son, por el contrario, perfectamente reales? ¿No cuentan, con toda crudeza, el motivo por el que uno deja de desear a alguien? Si sufro tanto con esas frases crueles, ¿no es porque me reconozco en el retrato de esa persona tan poco deseable? ¿No es ése el yo que temo y del que huyo, el que me escondo a mí mismo, que la otra persona pone en evidencia al plantearme mis cuatro verdades?

En su carta de ruptura a Yann Andréa, Marguerite Duras señala la incapacidad de amar del que había sido su compañero. Quizá sea lo que hace que las palabras de ruptura sean tan amargas, el hecho de que subrayan con una intensidad inquietante esas carencias, esas debilidades que intentamos escondernos a nosotros mismos.

> Todo sería posible, todo, si fueras capaz de amar. Y digo bien: capaz de amar, como podría decir capaz de caminar. El hecho de que no hables nunca, que tanto me ha sorprendido, también se debe a eso, a esa carencia del habla, a no tener nada que decir. Quizá no sea más que un retraso, yo así lo espero. Tampoco eres malo. Yo soy mucho más mala que tú. Pero al mismo tiempo llevo dentro el amor, esa disposición particular e irremplazable del amor. Tú no la tienes. A ti te falta.[26]

Lo que se pone al descubierto es nuestra carencia más íntima, nuestra inquietud fundamental, vinculada al vacío profundo que intentamos disimular. Es posible que nos dejen no tanto por lo que somos, sino por lo que no somos. Porque no nos correspondemos con el deseo del otro, pero también porque nos ha abandonado ese deseo, porque estamos vacíos de ese deseo que tanto oímos decir que debería ser parte de nosotros mismos. Lo que pone al descubierto

26. Carta de Marguerite Duras a Yann Andréa, 23 de diciembre de 1980.

quién era nuestro amante es ese subterfugio del deseo, nuestra incapacidad de ilusionar. El amor ya no existe, quizá no haya existido realmente nunca. El que abandona al otro le reprocha no mantener ese juego de engaños. Y las cartas o las escenas de ruptura llevan ese vacío angustioso a una tonalidad trágica.

Algunos, en cambio, se endurecen con la práctica. A fuerza de sufrir abandonos, uno acaba por encajar mejor los golpes, capacidad que en física se denomina «resiliencia». Los golpes bajos de quien nos deja ya no nos destrozan por dentro. En el arranque de su novela *Alta fidelidad*, Nick Hornby pone en escena a un hombre aguerrido:

> Mis cinco rupturas amorosas más memorables, las que me llevarían a una isla desierta, por orden cronológico: 1) Alison Ashworth, 2) Penny Hardwick, 3) Jackie Allen, 4) Charlie Nicholson, 5) Sarah Kendrew.
>
> Éstas son las únicas que realmente me dolieron. ¿Qué, Laura? ¿No está tu nombre en esa lista? [...] Probablemente esto que te digo parezca más cruel de lo que en realidad quisiera, pero la verdad es que ya somos los dos demasiado mayorcitos para destrozarnos el uno al otro, y eso me parece muy positivo, así que no te tomes a la tremenda tu fracaso [...]. Si de verdad quisiste dejarme hecho polvo, tendrías que haberme conocido mucho antes.[27]

Podemos consolarnos viendo en la decisión de abandonarnos un grave error de juicio. Algunos, como los héroes desdichados de Vincent Delecroix, en la excelente novela kierkegaardiana *Ce qui est perdu*, se salvan de la desesperación amorosa con la ironía: «Tu marcha me ha dejado [...] impertérrito, sobre todo por su brutalidad y por la indife-

27. Nick Hornby, *Alta fidelidad*, Anagrama, Barcelona, 2019.

rencia estúpida que revela, lo cual por otra parte supone una verdadera falta de gusto».[28]

Sin embargo, a veces la ruptura tiene un efecto demoledor. Uno puede llegar a venirse abajo, como describe J.-B. Pontalis al hablar de uno de sus pacientes: «Está al borde del clásico hundimiento en el que puede caer una persona cuando pierde de pronto lo que amaba».[29]

Es como si la ruptura exigiera de un sacrificio. A veces sucede que la persona abandonada se hunde. Basta con que intuya que está naciendo otro amor. Esa aniquilación producida por el desamor que describe con tanto acierto *El arrebato de Lol V. Stein*. En una escena de reencuentro que es también escena de ruptura, Marguerite Duras presenta el momento del «arrebato», el momento en que Lol está «arrebatada», apartada de la vida, estupefacta, ante ese amor que nace ante sus propios ojos y que la destruye desde el primer momento, el amor de su marido, Michael Richardson, por Anne-Marie Stretter, a la que acaba de conocer. Lol observa la metamorfosis que se produce en pocos instantes. Ve cómo se enamora de otra mujer, ante sus propios ojos, y lo ve incapaz de disimular la atracción irresistible que siente. Desearía convertirse en otra, bajo el efecto de ese latigazo, vivido como un designio del destino:

> Él había cambiado. Todo el mundo podía comprobarlo. Comprobar que ya no era el que creían. Lol lo contemplaba, lo contemplaba cambiar [...], comprendía que nada, ninguna palabra, ninguna violencia en el mundo había sido la causa del

28. Vincent Delecroix, op. cit., p. 28.

29. J.-B. Pontalis, *Marée basse, marée haute*, Gallimard (col. Folio), París, 2014.

> cambio de Michael Richardson. Que ahora estaría obligado a vivirlo hasta el final. La nueva historia de Michael Richardson empezaba ya a nacer. En Lol, esta visión y esta certidumbre no parecían ir acompañadas por el sufrimiento [...]. Ella acechaba el acontecimiento, abrigada su inmensidad, su precisión de relojería. De haber sido el agente mismo no sólo de su llegada, sino también de su éxito, Lol no se habría sentido más fascinada.[30]

Ver la catástrofe que se despliega ante nuestros ojos. Ver cómo se desploman las estrellas. Asistir al final de nuestra historia y al inicio de otra que se está escribiendo ya, sin nosotros. Esa experiencia hace que el individuo se venga abajo, se desmorone. Se ve desaparecer a sí mismo, en beneficio de otro. Duras acierta al describir la paradójica fascinación frente al cataclismo amoroso que nos amenaza, ante lo irreversible, lo impensable. Aquí la ruptura es el «evento», es Medusa, que paraliza a Lol de pronto, convirtiéndola en estatua y acelerando el tiempo: «Lol permaneció allí donde el acontecimiento la había sorprendido al entrar Anne-Marie Stretter, tras las plantas verdes del bar».[31] El amor, tan repentina y violentamente redistribuido, los cambia a todos, los proyecta en una temporalidad alocada que destruye a Lol V. Stein.[32]

Observar, impotentes, el acontecimiento que nos destroza, ser testigos de lo que firma nuestra condena a muerte. Como dice Marguerite Duras, «Lol ha asistido a ese amor naciente. Ha asistido del modo más completo posible, hasta

30. Marguerite Duras, *El arrebato de Lol V. Stein*, Tusquets Editores (col. Andanzas), Barcelona, 1987: «Tatiana había visto cómo habían envejecido [...], los tres habían acumulado años, muchos años, cientos de años, de esa edad adormecida en los locos».

31. Ibíd.

32. Ibíd.

perderse de vista a sí misma».[33] Para Duras, esta escena, esta visión del amor naciente es la anulación de la propia esencia de Lol, que percibe como «su propio asesinato a manos de Anne-Marie Stretter».[34] Esta novela describe la supresión de un sujeto, según Duras se trata de un «asesinato» que ejecuta una mujer, ocupando el lugar de otra. Lol queda destrozada por el colapso del amor que le daba Michael R., como si con la desaparición de ese amor ella misma dejara de existir. No queda nada de Lol, dice Duras, más que un «sufrimiento sin sujeto».[35] Como si Lol se hubiera ausentado, como si viviera un «arrebato», como si fuera ajena a este mundo en el que ya no es más que una presencia diáfana, fantasmal. En esta situación radial, con ese efecto extremo del desamor en el individuo abandonado, el sujeto renuncia a sí mismo, se ausenta de sí mismo. No parece siquiera que «sufra su sufrimiento»,[36] ya que no es capaz de sentir estima por sí misma, en el sentido más amplio de la palabra.[37]

En las situaciones más brutales, como la que acabamos de señalar, el desamor destruye a la persona abandonada. A nivel psicológico se puede morir de desamor, se puede sentir el vacío, desaparecer. ¿Por qué puede llegar a ser tan in-

33. Caroline Champetier, «Marguerite Duras», *Un siècle d'écrivains*, n.º 90, France 3, 18 de septiembre de 1996.

34. Marguerite Duras, *La vida material*, Plaza & Janés, Barcelona, 1993.

35. Ibíd., *El arrebato de Lol V. Stein*, op. cit.: «La postración de Lol, dijeron, revelaba señales de sufrimiento. Pero ¿qué pensar de un sufrimiento sin motivo?».

36. Según la expresión de Paul Ricœur en «La souffrance n'est pas la douleur», en Claire Marin y Nathalie Zaccaï-Reyners (dir.), *Souffrance et douleur. Autour de Paul Ricœur*, PUF (col. Questions de soin), 2015, p. 25.

37. Ibíd.: «Aquí parece que nos salimos de la esfera en la que puede haber estima o desestimación. La impotencia, llevada al límite, hace que seamos incapaces de emitir una valoración de nosotros mismos».

soportable la separación amorosa? Porque en esa brusca revolución íntima dejo de saber quién soy, ya no sé siquiera si soy.

Afortunadamente, no todas las rupturas amorosas tienen la misma violencia. Pero el desamor provoca una profunda sacudida interior. ¿Quién soy yo cuando dejan de quererme? ¿Puedo perder las cualidades que me confería el amor de los otros sin perderme a mí mismo? «No amamos a otra persona más que por una serie de cualidades adaptadas»,[38] según Pascal, adaptamos nuestras propias cualidades al amor de los otros, como en un juego de imitación. Con lo que resultan absolutamente artificiales. Por eso es cruel la separación. De pronto, dejo de ser esa persona atractiva, inteligente, generosa o divertida. No es que lo fuera antes, pero lo era a tus ojos. Es la certeza de mi identidad la que se tambalea. La ilusión de mi propio yo la que se desvanece. ¿Quién soy yo, ahora que ya no soy nadie para ti?

Me viene a la cabeza el término —sin duda excesivo— de *repudio*. Que, no obstante, se ajusta bastante al sentimiento de rechazo que puede manifestar el abandonado. Pero es sobre todo significativo: repudiamos lo que suscita en nosotros el pudor, la vergüenza. ¿Qué es lo que justifica, en algunos países, que un hombre repudie a su mujer? Que sea estéril. Esa mujer, que no está a la altura, es una falsa promesa. Contamina a su esposo con su defecto, lo ridiculiza. ¿Qué es un hombre sin descendencia? ¿Se hará preguntas la gente sobre su virilidad, con miradas de reojo y sonrisitas cómplices? Dado que su esposa lo devalúa, la rechaza, para evitar que el defecto o la carencia sea también suyo. Eso nos da idea del otro dolor de la ruptura: la vergüenza de ser, a partir de ese

38. Pascal, *Pensées*, Lafuma 688.

momento, objeto de vergüenza. No se trata sólo de perder el propio valor; es el ser considerado indigno de amor. Quedar relegado al gueto de los que no merecen siquiera ser amados, de los que no lo valen. Y esa violencia se extiende en retrospectiva, sin límites; repasa toda nuestra historia: ¿es que nunca hemos merecido ser amados? ¿No será todo, desde un principio, un perfecto malentendido? Porque también es mi propio valor lo que se juzga con la relación amorosa, como recuerda Roland Barthes en sus *Fragmentos de un discurso amoroso*. Como amante, espero una respuesta a esa inquietud esencial, «¿cuánto valgo?»:

> Busco signos, pero ¿de qué? ¿Cuál es el objeto de mi lectura? ¿Es: soy amado (no lo soy ya, lo soy todavía)? ¿Es mi futuro lo que intento leer, descifrando en lo que está inscrito el anuncio de lo que me va a ocurrir, según un procedimiento que tendería a la vez a la paleografía y a la adivinación? ¿No es más bien, en resumidas cuentas, que quedo suspendido en esta pregunta, de la que pido al rostro del otro, incansablemente, la respuesta: *cuánto valgo*?[39]

El desamor, pues, es la cruel experiencia de una devaluación. «No soy destruido sino *abandonado*, como un desecho», dice Barthes. La mujer rota, así, se siente «perfectamente miserable».[40] La ruptura me rebaja y me humilla, por delicado que sea el que me abandona. Me arrebata las migajas que me proporcionaba su afecto, me deja en la desnudez de un ser despojado de todo. A partir de ese momento, tú, el

39. Roland Barthes, *Fragmentos de un discurso amoroso*, Ediciones Paidós, Barcelona, 2011.

40. Simone de Beauvoir, *La mujer rota*, Edhasa, Barcelona, 2001: «La gentileza de Maurice me es casi penosa [...]. Pero ya nunca me besa en la boca. Me siento perfectamente miserable».

ser amado, te alejas. Afirmas que nosotros podemos estar separados, como si en ese «nosotros» hubiera dos partes diferenciadas, en lugar de la mezcla, la unión que teníamos antes. Ser abandonado es sentir que te amputan una parte vital de ti mismo. «Todo lo compartíamos mitad y mitad [...]. Ahora me he quedado en la mitad», dice Montaigne. El cuerpo del amor, ese cuerpo quimérico que había formado el amor, se escinde, se desgarra.

«Cuando se anuncia una nueva vida, ¿es necesario que se borre otra, después de pasar tanto tiempo mezcladas, hasta el punto de volverse inseparables?»,[41] se pregunta J.-B. Pontalis. ¿Cómo se separan cuerpos y espíritus fundidos el uno en el otro hasta el punto de no poder distinguir lo que era uno y lo que era el otro? En el diálogo, dice Merleau-Ponty, llega un punto en que ya no distingo cuál era mi idea. En la complicidad y la frecuentación cotidiana del amor, acabo por no distinguir ya lo que es realmente mío y lo que he adoptado como mío. Estigmatizamos la rutina como un efecto tóxico del amor, pero es también esa «costumbre de ser» compartida la que le da la fluidez a una coreografía amorosa. La otra persona era mía, estaba como fundida en mí. Los cuerpos mezclados se vuelven indistintos.[42] Lo que falta en la ruptura es la intimidad de la carne, las palabras murmuradas, el sutil avance de las manos, la coreografía de los cuerpos unidos y separados a la vez, que se abandonan el uno al otro en el sueño, protegiéndose mutuamente. Lo que nos falta es el cuerpo del otro como prolongación del nues-

41. J.-B. Pontalis, op. cit.

42. Philippe Forest, op. cit., p. 145: «Los brazos abiertos, las piernas separadas, la intimidad de los vientres, el cara a cara de dos cuerpos tendidos el uno sobre el otro en la horizontalidad de la cama, la respiración compartida del sueño, la maraña de extremidades por la mañana, la extraordinaria familiaridad de los gestos [...], estar presente en la proximidad del otro».

tro o, más exactamente, como una parte más del nuestro. Cuando la otra persona deja de quererme es como si perdiera mis propios límites, como si mi propio ser abandonara mi cuerpo, vaciándomelo. Es la hemorragia del individuo abandonado.

«Es terrible cuando una pareja se rompe.» He oído mil veces la expresión *romper*, pero de pronto ahora adquiere sentido. Ante la dureza del momento, el recurso al cliché puede parecer una concesión fácil. Y aun así, tal como suele suceder en las rupturas amorosas, son los tópicos los que ayudan a decir la verdad: la pareja se rompe, pero eso no quiere decir que sus miembros se peleen. Significa que intentan realmente separarse de una materia común, de un cuerpo afectivo, pero también del cuerpo psicológico que había creado la pareja. Es ruptura en el sentido literal de la palabra, porque cada uno intenta reencontrar su propio cuerpo, en lugar de la quimera creada con el tiempo a partir del amor y de la vida de pareja, de ese cuerpo común en el que estaban mezclados, de esa rutina recíproca de dos cuerpos que componían un cuerpo compartido, invisible pero presente, prolongación de su cuerpo real. Mi cuerpo amoroso es un cuerpo que se toma la libertad de hacer incursiones en tu cuerpo, que lo invade constantemente, es ese cuerpo que se apropia del tuyo para sentirlo más cerca, para acariciarlo, para abrazarlo. Tu cuerpo, objeto de mi amor, es una carne abierta a mí, que me ofrece contacto, que soporta o incluso busca mi cercanía. Tu cuerpo, tan cercano, es una extensión del mío, como un nuevo dominio de mi propio ser. Nuestros cuerpos, con el paso de los años, se convierten en rizomas, y dejamos que extiendan sus líneas de fuga en el espacio físico del otro, por todas partes. Lo que se extrae de ese cuerpo común, de esa quimera afectiva que ha creado el amor, condena al otro a ver cómo se marchita el fragmento de cuerpo que le queda.

La ruptura es una experiencia de desgarro. Nos arrancan lo que considerábamos nuestro, lo que literalmente habíamos incorporado a nuestro ser. No es sólo que el otro se aleje, llevándose un poco de mí mismo, sino que me desuella, me arranca esa piel de amor, ese envoltorio protector y reconfortante, su presencia y su atención, me priva de sus miradas seductoras, orgullosas o bondadosas. Una piel hecha de palabras, de miradas, de caricias. De pronto me encuentro desnudo, sin caparazón, sin pelaje, con mi cólera como única arma, mi tristeza hecha jirones. Más desnudo que el animal más vulnerable. No sólo me convierto en alguien frágil, sino que quedo privado de mí mismo, privado de mi ser y de mi cuerpo, como amputado.

El final de una historia se manifiesta además con la modificación de un ritmo implícito, el ritmo de esos cuerpos, que queda como fuera de compás. Los amantes ya no van al mismo paso. Aparecen pequeñas señales de mal presagio, la coreografía íntima pierde su fuerza, su naturalidad. Y al romper ese hábito compartido, el cuerpo ya está diciendo que ha puesto distancia. Esas sutiles discrepancias, esas pequeñas rupturas en la continuidad de los gestos delatan a un ser que se aleja, un afecto que se debilita. Rupturas en la coreografía de cuerpos amantes, desaparición progresiva; el amante intenta eclipsarse. Se debilita su presencia, como si se borrase progresivamente. Es lo que Roland Barthes denomina el *fading*.[43] Oigo por tu voz que ya no estás ahí, tu voz muere, no

43. «*Fading*. Prueba dolorosa por la cual el ser amado parece retirarse de todo contacto, sin que siquiera esa indiferencia enigmática sea dirigida contra el sujeto amoroso ni se pronuncie en provecho de quien sea el otro, mundo o rival.» (Roland Barthes, op. cit.).

es más que un fantasma de sí misma.[44] Cuando el amor sale de mi vida, no es sólo su cuerpo, su sexo, la densidad de su presencia carnal lo que echo de menos. Siento también la cruel nostalgia de su voz. El silencio que sigue a la ruptura es de una gran violencia. Su dedicación, sus susurros, su ironía; dejo de ser el destinatario de la atención, el afecto, el deseo contenidos en su voz.[45] Mi nombre deja de sonar. ¿Y qué hago ahora con el tuyo, que he pronunciado con tanta alegría y con tanta esperanza? Ya no hay carcajadas, suspiros, preguntas, la vida pierde sus inflexiones. Se vuelve muda.

Hay quien no rompe, pero juega a los fantasmas. El *ghosting* es el nuevo nombre de un clásico acto de cobardía. Uno se aleja sin decirlo, se limita a desaparecer. Como negando el hecho de que el amor ha entremezclado nuestros cuerpos, confundiéndolos. Pero no bastará con desaparecer de la pantalla para dejar de existir en la cabeza y en el cuerpo del otro. Porque el amor deja en mí el rastro del cuerpo amado, porque ha modelado el mío, ha dejado una huella duradera. Recuerdos de una piel suave, de unos labios carnosos, del cabello enmarañado, de una voz grave. Los lugares, las imágenes, los olores, las músicas, las palabras de canciones que no dejan de abrir una y otra vez esas dolorosas heridas. La tortura de la memoria amorosa que se activa a la más mínima, cuando lo que querríamos es olvidar. La fuerza de los

44. Roland Barthes, op. cit.: «El *fading* del otro está contenido en su voz. La voz sostiene, da a leer y, por así decir, consuma el desvanecimiento del ser amado, porque pertenece a la voz de morir. Lo que hace la voz es lo que, en ella, me desgarra a fuerza de deber morir, como si ella fuera de pronto y no pudiera ser jamás sino un recuerdo. Este ser fantasma de la voz es la inflexión».

45. Como refleja magníficamente Cocteau en *La voz humana*.

objetos y de los espacios que rememoran el antiguo amor; un sadismo de los sueños que resucitan los abrazos y fantasean con la reconciliación.

¿Qué me queda cuando me dejas? ¿Cómo superarlo? Que quede claro que nadie nos asegura que sea posible en todos los casos. Aún hay quien muere de amor. También podemos hundirnos con la ruptura, sufrirla de un modo trágico, revolcarnos en nuestra desgracia, vivirla como una maldición. «M de malhadado encuentro», dice Grégoire Bouillier en su *Dossier M*. Diez años se pasó declinando en todas las formas posibles la obsesión por la figura amada y perdida, el imposible duelo amoroso. Diez años retranscribiendo en todos los dominios posibles la compulsión, la sistematicidad y la intensidad pasionales, incluso en la humillación, la degradación y la abyección. Porque a veces la ruptura nos convierte en eso: en un ser irreconocible, que se vuelve despreciable, como para dar la razón a quien nos ha abandonado.

La ruptura nos transforma, nos agrede físicamente. Es una experiencia sensible, hiriente. La obsesión de la pérdida nos corroe por dentro. Sentimos cómo fluye el ácido a medida que se van enumerando las frases asesinas o la embarazosa indulgencia dispensada al antiguo amante. Esa violencia simbólica produce un efecto físico. El corazón se dispara, se registran palpitaciones, temblores, vértigos, náuseas; lo que me daba contención, estabilidad, se ha quebrado. La ruptura deja rastro en mi cuerpo. Hombros caídos, rostro tenso, voz temblorosa, silueta demacrada. O cara hinchada, cabellos sucios, ropa descuidada. De hecho es todo mi ser el que tiene mal aspecto, marcado de modo indeleble por la ruptura que nos aplasta y nos hunde, como explica Hélène Gestern en *Un vertige*: «Me sentí como una hoja de papel arrugado. Era igual que se fuera o que volviera: la persona que yo amaba nunca podría borrar la señal con que me acababa de dejar marcada».[46] Estar «roto» no es sólo una expresión metafórica. La ruptura nos destroza.[47]

El dolor no es sólo físico, sino real, sensible, corporal. El dolor de quien ha perdido algo, que crea una sensación de malestar, de náusea, de quemazón. Una presión en el pecho, una falta de respiración, sudores; el cuerpo manifiesta la brutalidad de la desaparición. Al marcharse, el otro se lleva pedazos de mí y me deja la tarea de reparar ese cuerpo herido. En *Voy a hablar de Sarah*, novela que relata una pasión amorosa, Pauline Delabroy-Allard insiste en la dimensión corporal de la ruptura, en sus efectos físicos violentos. La marcha de la persona amada produce un vacío doloroso, el cuerpo se consume literalmente con la ausencia. Sarah se hace a un lado sin más, pero la narradora anónima ve esa desaparición:

> No me llama. No viene corriendo tras de mí por la calle, por los pasillos del metro. No me escribe durante los días siguientes, no me propone ir al teatro, ir a ver el mar, visitar un parque, tomar un té, comer japonés. No me pregunta cómo me van las cosas, no me pregunta por el niño. No sabe que todo el cuerpo me arde, que tengo la cabeza en llamas, que nunca he sentido un dolor físico tan sordo y tan intenso.[48]

No se trata de una metáfora, sino de un dolor corporal real. La necesidad del otro parece algo vital, y la quemazón

46. Hélène Gestern, *Un vertige*, suivi de *La Séparation*, Arléa, París, 2017, p. 18.

47. Ibíd.: «Había llegado al límite de mi experiencia y [...] empezaba el tiempo de la cicatriz, de la obliteración y de la retirada».

48. Pauline Delabroy-Allard, *Voy a hablar de Sarah*, Lumen, Barcelona, 2019.

deja la piel en carne viva. Seguimos sintiendo la presencia del otro, y es una tortura. Esa presencia que era principio vital es ahora violencia interior, elemento destructor.[49] Como si se tratara de un caso de adicción, la narradora presenta los síntomas de una carencia fisiológica.[50] El cuerpo, descuidado, queda irreconocible. Lleva los estigmas de una insoportable dejadez amorosa. Ya no es objeto de miradas, caricias, del contacto del otro, y vive en cámara lenta, en modo de supervivencia, en un abandono redoblado, maltratado por su propietario. Le hago pasar hambre o lo atiborro, le niego el sueño o el descanso, lo embrutezco con alcohol, drogas o somníferos para dejar de sentir. Me sumerjo en una vida blanca, una vida de latencia.[51]

La ruptura me afea, como si mi cuerpo diera la razón a la persona que me ha abandonado. Uno se puede quedar en los huesos o hincharse como un globo, desarrollar unas ojeras como campos de minas bajo los ojos. Perdemos la capacidad de sonreír. La ruptura es también desfiguración. Mi ser y mi vida cambian de rostro, de forma, quedan desfigurados, resultan irreconocibles. Quedo, literalmente, deshecho. Las comedias americanas dibujan retratos de desdichadas heroínas con los ojos rojos que se hinchan de helado viendo una película en la tele. Pero más allá de estos tópicos

49. Ibíd.: «El cuerpo me arde, aun sin agua de mar. Todas estas cicatrices, este fuego en el vientre cuando te veo de lejos, y todas esas noches, esas imágenes en las que te veo pasar por la pared, como una estrella fugaz...».

50. Ibíd.: «La ausencia de Sarah me hace temblar. Paso los días llorando, las lágrimas caen sin ruido, recorriéndome el cuello, y acaban por morir en mis senos. Tengo los ojos hinchados y las mejillas quemadas por la sal».

51. Ése es el término que utiliza la narradora para describir su estado depresivo, adoptando la definición de *latencia* procedente de un diccionario médico (ibíd.).

superficiales, es cierto que la desesperación que me atenaza cuando llega el desamor se refleja en mis rasgos físicos y en mi silueta.

Algo en mí envejece prematuramente.[52] Mi cara muestra las cicatrices de la desolación. La historia de amor y de desamor deja huellas en el rostro. A veces, la ruptura, sea amorosa o, en un plano más amplio, biográfica, nos deja una imagen devastada. La mujer abandonada, el enfermo, el viudo... todos reflejan los estigmas de su dolor.[53] El rostro, como decía Paul Valéry, nos traiciona perfectamente, quizá no deberíamos mostrarlo con tanta generosidad.[54] Llevo escrita la adversidad en el rostro. Y ésa es la constatación de la que parte *El amante* de Marguerite Duras:

> Entre los dieciocho y los veinticinco años mi rostro emprendió un camino imprevisto. A los dieciocho años envejecí. No sé si a todo el mundo le ocurre lo mismo, nunca lo he preguntado. Creo que me han hablado de ese empujón del tiempo que a veces nos alcanza al trasponer los años más jóvenes, más gloriosos de la vida. Ese envejecimiento fue brutal. Vi cómo se apoderaba de mis rasgos uno a uno, cómo cambiaba la relación que había entre ellos, cómo agrandaba los ojos, cómo hacía la mirada más triste, la boca más definitiva, cómo grababa la frente con grietas profundas. [...] He conservado aquel rostro. Ha sido mi rostro. He envejecido más, por supuesto, pero relativamente menos de lo que hubiera debido. Tengo un ros-

52. «Evito mirarme. No me atrevo a encender la luz en el baño. Ayer, me tropecé con una señora mayor... ¡No, no! Una señora mayor con canas y un montón de arruguitas.» (Jean Cocteau, *La voz humana*, Nuevo Arte Thor, Barcelona, 1986.)

53. Tal como hemos visto en *La Maladie, catastrophe intime* (PUF, colección Questions de soin, 2015).

54. Paul Valéry, «Le Visage», en *Œuvres*, Gallimard (col. Bibliothèque de la Pléiade), París, 1957, t. I, p. 347.

> tro lacerado por arrugas secas, la piel resquebrajada. No se ha deshecho como algunos rostros de rasgos finos, ha conservado los mismos contornos, pero la materia está destruida. Tengo un rostro destruido.[55]

Sin duda, hay dos maneras de envejecer. Podemos concebir el envejecimiento como un proceso progresivo o, al revés, como un «suceso», «una ruptura repentina, un accidente de vuelo».[56] La adversidad deja su huella en nuestro cuerpo y en nuestro rostro. El modo en que nos proyecta ese accidente hacia otra temporalidad acelera nuestro envejecimiento, en el sentido de que rebaja nuestra resistencia y agota nuestra capacidad de réplica. Es como la reacción de un precipitado químico o una aceleración temporal: el accidente hace que surja de pronto la nueva forma de nuestro ser.[57]

No es sólo mi cuerpo y mi espíritu lo que sacude la ruptura amorosa; devasta todo el mundo. Deja un mundo al mismo tiempo superpoblado y desolado. Nada escapa al alcance de este golpe existencial, que deja rastros visibles por todas partes. La persona abandonada tiene que arreglárselas con lo que le queda, con ese gran desván en que se convierte su vida cuando la otra parte deja tras de sí una montaña de recuerdos dolorosos. ¿Qué hacer de esas prendas de un amor devaluado? ¿De esa vida fantasma que acecha por los pasi-

55. Marguerite Duras, *El amante*, Tusquets Editores, Barcelona, 2010.

56. Tal como propone Catherine Malabou en *Ontología del accidente*, op. cit., p. 43.

57. Ibíd.: «Sucede algo que precipita al sujeto en la vejez, que imprime al envejecimiento una caída que es y no es actualización. Un accidente idiota, una mala noticia, un duelo, un dolor, y el destino congela bruscamente a quien se ha transformado en un ser, en una forma, en un individuo inéditos».

llos del piso, por las calles del barrio, por el lugar de veraneo, pero que se cuela también por entre las páginas de los libros, por las estrofas de las canciones, esa vida amorosa perdida que se pega, socarrona, a los rostros de los que se aman —¿cómo lo hacen?— y siguen juntos?

Las cosas, reliquias de la antigua vida compartida, siguen ahí, pero cambian de estatus. En *La mujer rota*, Simone de Beauvoir analiza con frialdad cómo se desmorona la existencia de una esposa abandonada. Es todo un mundo común que se vacía de sustancia, los objetos quedan huecos, como testigos silenciosos y sin vida de un amor perdido.[58] Las cosas ya no constituyen un universo tranquilizador, no son más que una vana imitación de sí mismas. ¿Qué valor tienen esos objetos si ya no se pueden compartir, si no son más que el recuerdo de un amor muerto? Todo lo que era familiar parece ahora extraño o sospechoso, cómplice de una traición.[59] La mujer rota acaba por detestar hasta su propio coche.[60]

La experiencia de la ruptura es, literalmente, una dislocación; me siento expropiada, mi casa deja de ser mía. La ruptura amorosa me obliga a una división dolorosa.[61] Es

58. Cf. Simone de Beauvoir, *La mujer rota*, op. cit.: «Jueves 16. [...] Me parece no tener nada más que hacer. Siempre tenía algo que hacer. Ahora, [...] todo me parece vano. El amor de Maurice daba importancia a cada momento de mi vida. Es hueca. Todo es hueco: los objetos, los instantes. Y yo».

59. Cf. ibíd.: «Los objetos tienen aspecto de imitaciones de sí mismos. La pesada mesa de la sala de estar: está vacía. Como si hubieran proyectado a la casa y a mí en una cuarta dimensión».

60. Cf. ibíd.: «Me gustaba nuestro auto, era un fiel animal doméstico, una presencia cálida y tranquilizadora; y de pronto servía para traicionarme; lo detesté».

61. Lydia Flem, *Cómo vacié la casa de mis padres*, Alberdania, Irún, 2006, p. 48: «Las cosas no son sólo cosas, son portadoras de huellas humanas, son nuestra prolongación. [...] [Cada una de ellas] tiene una his-

también el modo en que hemos invertido, en que hemos vivido juntos la realidad, el que aparece cuando se produce una separación amorosa. Las cosas, como esponjas afectivas, están impregnadas de los sentimientos que hemos vivido al adquirirlas, al repararlas. Son los marcadores del tiempo pasado en común, tótems insignificantes de un amor acuchillado. Para la desdichada heroína de Simone de Beauvoir, las cosas ahora son objetos desnudos, despojados de su antiguo esplendor.[62]

Los objetos parecen deslucidos. No queda más que un recuerdo muerto. Para mí han perdido la vida. Son, literalmente, insoportables. Ya no puedo ponerme esa ropa, esa sortija, ese perfume. Ya no quiero ver más esos rastros deteriorados o irónicos de un amor desaparecido. Lo que se ha perdido con la ruptura amorosa es el mundo normal, desolado, arrasado. Ahora veo aparecer los vínculos invisibles en los que estaba presa, como una tela de araña de repente venenosa. Las cosas que antes no miraba siquiera ahora me dicen: el mundo al que pertenecíamos ya no existe. Han perdido su dulzura, su complicidad, me traen recuerdos dolorosos. El mundo pierde su sustancia, se vacía. Se vuelve «desreal», aplicando la definición de Barthes: «Desrealidad. Sentimiento de ausencia, disminución de realidad ex-

---

toria y un significado que se entremezclan con los de las personas que las han utilizado y apreciado. Forman conjuntamente, personas y objetos, una especie de unidad que no puede dividirse sin dolor».

62. Simone de Beauvoir, op. cit., p. 189: «Miro mi estatuilla egipcia: está bien pegada. La habíamos comprado juntos. Estaba toda penetrada de ternura, del azul del cielo. Allí está desnuda, desolada. La tomo en mis manos y lloro. Ya no puedo ponerme el collar que Maurice me había dado cuando cumplí cuarenta años. A mi alrededor, todos los objetos, todos los muebles han sido raspados por un ácido. No queda otra cosa que una especie de esqueleto, desquiciante».

perimentado por el sujeto amoroso frente al mundo».[63] Acabamos por perdernos. En esa vida «blanca» a la que nos lanza la ruptura, no somos más que figurantes.[64]

¿Cómo romper entonces con la ruptura, con ese desgarro que no acaba nunca? «Ahora contaré hasta doce y tú te callas y me voy»,[65] decía Pablo Neruda en su poema «A callarse». Nos encantaría que todas las separaciones se resolvieran así de fácil. Nos encantaría que las cosas fueran simples, que el corte fuera limpio. Que la vida afectiva se declinara sobre un mundo binario, como en matemáticas. Vista desde el exterior, la situación debería virar hacia una de las dos categorías, como decía precisamente Cocteau: «Para la gente uno se ama o se odia. Las rupturas son rupturas. Ellos miran de prisa. Tú nunca podrás hacerles comprender ciertas cosas...».[66] Pero la separación se extiende, se pierde en puntos suspensivos, en silencios, en vacilaciones. Pasa por circunvoluciones, por dudas, por incertidumbres. Nos gustaría borrarlo todo, pero siempre quedan pequeños fragmentos de ese pasado que han resistido a la gran debacle. El dolor se esconde en los detalles de la memoria. Pese a que habría querido destruirlo todo, siempre quedarán rastros de la destrucción. El rastro de las fotos descolgadas de la pared, los huecos en la biblioteca, el solitario cepillo de dientes. Las secuelas de la ruptura son como partículas fragmentadas que se aferran dolorosamente al margen de nuestros pensamientos.

63. Roland Barthes, *Fragmentos de un discurso amoroso*, op. cit.

64. Cf. Annie Ernaux, *Se perdre*, Gallimard (col. Folio), París, 2001, pp. 286 y 316.

65. Pablo Neruda, «A callarse», en *Estravagario*, Seix Barral, Barcelona, 2018.

66. Jean Cocteau, *La voz humana*, op. cit.

> Y es que eso es lo más difícil, esos pequeños fragmentos de recuerdos, esas esquirlas de sensación que salen a la superficie de mi existencia o que persisten, aferrándose a la capa superior de mi epidermis. De las grandes sensaciones, las grandes imágenes, ya abstractas, es fácil librarse; de los recuerdos completos, los que podemos nombrar, también... pero no así de los pequeños fragmentos.
>
> [...] Esos fragmentos de recuerdos son aún más dolorosos, por su aspecto fragmentario, que la memoria, porque llevan consigo el rastro de la destrucción y porque mutilados resultan aún más significativos que enteros.[67]

El dolor de la ruptura es un desgarro que no acaba nunca, separación que se repite a cada despertar, al vernos arrancados del mundo de los sueños, que en muchos casos va con retraso con respecto al mundo real, que aún vive en el consuelo de los recuerdos, de la antigua vida compartida, en la esperanza de la reconciliación. Y cada mañana llega la catástrofe, el hundimiento del mundo, una tortura que se repite una y otra vez. Estar separado es, tal como dice el novelista Antoine Wauters, «estar separado montones de veces, durante meses y años». Estar separado es vivir en el sufrimiento de la ausencia, sintiendo la falta de aire, con una presión en el corazón, con el ansia en los gestos. Es no ver más que la ausencia que salta a los ojos:

> Pero ella no se movía, y observaba el vacío que la rodeaba, el cuerpo ausente de Zio, su cuerpo blanco al sol, mientras yo pensaba que estar separado de alguien no es estar separado sólo una vez y de una vez por todas, sino montones de veces, durante meses y años, hasta que la nostalgia deja de manosearte el corazón. Ya está, me dije: estar separado es estar se-

67. Vincent Delecroix, op. cit.

parado montones de veces, hasta que la nostalgia se cansa y te deja en paz poco a poco, si es posible.[68]

La mujer de Zio no ve más que el cuerpo ausente, el mundo vacío. La visibilidad de la ausencia resulta cegadora. Él ya no está, y era el centro de referencia del mundo, el primer objeto, el primer plano, el punto focal del resto del mundo. La separación se repite incesantemente, apela a la conciencia en todos los rincones donde se echa de menos su silueta, cuando esas pequeñas agujas interiores vuelven a la carga, con los pinchazos de la separación, con el corazón «manoseado» por la ausencia, como dice Wauters.

Luego viene ese momento en que el dolor se difumina, en que de algún modo la ausencia se vuelve algo familiar. Ese momento en que uno se dice: «Vaya, ya no me duele tanto». En el que uno se sorprende, inesperadamente, en que se da cuenta de que ya podemos pensar en él o en ella sin sufrir demasiado. Pienso en él y ya no en «ti». Ha pasado a la tercera persona, a un segundo plano, al plano indefinido de los «ellos», ha perdido el estatus de «tú» interior, esa persona a la que quiero contar lo que me pasa, mis temores, mis esperanzas. La separación adquiere fuerza con la desaparición progresiva del «tú».

Por supuesto, existe una especie de «trabajo» de separación, de desunión, de reconfiguración de los espacios físicos y psíquicos, un esfuerzo de adaptación a la ausencia del otro. Desacostumbrarse a su presencia, deshabituarse a la forma que tomaba nuestro mundo, que giraba en torno a su silueta. Aceptar la rotación de los planetas, esbozar nuevas constelaciones íntimas. Domesticar la soledad, hacerse un espacio personal que no esté vacío.

68. Antoine Wauters, *Pense aux pierres sous tes pas*, Verdier, Lagrasse, 2018, p. 141.

Sin embargo, a veces el amor desaparece drásticamente. Y reencontramos la idea de un punto de ruptura, de un momento de cambio de trayectoria hacia lo irreparable que quiebra de inmediato la relación. En su relato «El falso autoestop», Milan Kundera describe de otro modo esa desaparición repentina del amor que lleva a la humillación en el juego amoroso. Y también nos muestra de una forma sutil cómo, de una situación inicialmente consentida, puede llegarse a la sensación de sentirse agredido/a o violado/a. Fingiendo que ha recogido a su pareja haciendo autoestop, el joven se toma la libertad de recurrir a palabras y actitudes que no le corresponden. Vulgar, humillante, provocador... resulta irreconocible. Todo lo que dice se inscribe en un juego de rol, pero dice de él más de lo que estaría dispuesto a reconocer. La verdad que muestra esta comedia es cruel. Y esa situación ficticia produce un efecto real inmediato: el amor de la joven desaparece, consumido al instante por esas palabras, esas miradas, esos gestos. La forma en que él la posee sexualmente, como si fuera una prostituta, acaba por matar definitivamente el amor de la pareja: «Luego todo terminó. El joven se levantó de encima de la chica y llevó la mano al largo cable que colgaba sobre la cama; apagó la luz».[69]

Pese a que la conciencia del fin del amor llegue de forma inmediata, puede ser que no veamos lo irreparable de la situación más que en retrospectiva, cuando nos mentimos a nosotros mismos para mantener a toda costa una relación a la que no queremos renunciar. Pero, sin duda, sabemos al momento, por alguna melodía disonante que nos persigue, aunque apenas se oiga, que ciertas palabras, ciertas mentiras, ciertas traiciones no pueden quedar atrás.[70]

69. Milan Kundera, *El libro de los amores ridículos*, Grijalbo Mondadori, Barcelona, 2000.

70. Philippe Forest, op. cit., p. 124: «En el amor hay cosas irrepara-

Podemos hacer de todo para prolongar artificialmente una historia que sabemos que ya está rota, o podemos decidir cortar en seco, poner fin brutalmente a algo que nos agota, a esa repetición de falsas rupturas. En *Un vertige*, Hélène Gestern describe la desaparición decidida por la narradora, devastada por las incesantes idas y venidas de su amante. Agotada por la tortura de la espera a la que se ve condenada constantemente, decide romper definitivamente con él y, por así decirlo, desaparece del mundo.[71] No sólo corta una relación afectiva; lo que corta, de un modo más radical, es su relación con el mundo, en un ritual de suicidio simbólico, que muestra hasta qué punto se puede vivir el fin de un amor como una suspensión de la propia vida, como una experiencia de locura, una experiencia de «vacío».[72]

---

bles que no percibimos en el momento, aunque nos empujen hacia el desgarro, el hastío, la desesperación. Pueden parecer algo demasiado enorme y demasiado triste. No queremos creérnoslo. Nos decimos que siempre encontraremos el modo de volver atrás. Pero en el fondo ya sabemos la mentira a la que estamos cediendo y que lo irreversible, en realidad, ya se ha producido».

71. Hélène Gestern, *Un vertige*, suivi de *La Séparation*, op. cit., p. 17: «Dejar de esperar, dejar de vivir pendiente de un mensaje, dejar de existir exclusivamente en la dinámica de la decepción y de la desesperación. Cortar por lo sano. Cuando me ha pedido que no le enviara más cartas a su domicilio, para no ponerle en peligro, ha sido el golpe definitivo. No he querido ver a nadie, he pasado las vacaciones de Navidad en un silencio total, y me he sentido satisfecha. Sabía que estaba acabando con lo que quedaba de nuestra relación y que esa destrucción no podía llegar sin una angustia atroz. Me despertaba por la noche, consciente de haberme sumido en una locura, consciente sobre todo de la irreversibilidad de este silencio».

72. Podemos comparar el texto de Hélène Gestern con *Pura pasión* de Annie Ernaux, en el que la narradora, ante una situación comparable —una relación con un hombre casado, que hace que se pase el tiempo esperándolo—, se niega a romper a pesar de la tentación constante de hacerlo: «Constantemente el deseo de romper, para no estar nunca más a

Romper o ser abandonado no son nunca experiencias que se puedan circunscribir a un plano limitado de nuestra existencia, sino que suponen desgarros afectivos, íntimos, reconfiguraciones del mundo a veces radicales. A veces también vemos rupturas en cascada. Lo que experimenta el narrador de *Attente en automne* es un cambio existencial en todos sus aspectos: la ruptura amorosa es el origen de una crisis y de una sacudida profundas que exigen otro espacio (el campo) y una forma de vida diferente: «Yo me había ido de París para intentar olvidar a Nadine y no tener que enfrentarme cada día a todo lo que me la recordaría en la ciudad. Pero me aferraba a la idea de que el cambio de lugar supondría otras rupturas existenciales».[73]

La onda expansiva de la ruptura se propaga hacia numerosos dominios. Así, romper con una persona es el punto de partida de un reinicio a un nivel más general. Es también un modo de romper con uno mismo y de descubrirse diferente, al cambiar de lugar, o en la ausencia de la persona que en parte nos definía con su amor, y que en parte nos ha devastado con su desamor. Se trata de ver quiénes somos, en un sitio diferente y en soledad. Como si, con la pérdida del amor, aprendiéramos también algo sobre nosotros mismos.

---

merced de una llamada, para no sufrir más, y justo después la representación de lo que suponía, en el mismo minuto de la ruptura: una sucesión de días sin esperar nada. Prefería seguir a cualquier precio: aunque tenga otra mujer, varias (es decir, un sufrimiento aún mayor que el que hacía que quisiera dejarlo). Pero frente al vacío que entreveía, mi situación me parecía feliz, mis celos una especie de privilegio frágil que tendría que estar loca para desear que acabara...». (Annie Ernaux, *Pura pasión*, Tusquets Editores, Barcelona, 2019).

73. Charles Juliet, *Attente en automne*, P.O.L, París, 1999, pp. 30-31.

3

Convertirse en uno mismo

> A veces es necesaria toda una existencia para recorrer el camino que lleva del miedo y la angustia a la autoaprobación. A estar de acuerdo con la vida.[74]
>
> CHARLES JULIET

A veces tenemos la sensación de no ser quienes somos, de interpretar un papel, de estar al margen de nuestra propia vida, sin estar de acuerdo con ella, como si siempre hubiera una pantalla de aire que nos separara del mundo, una cortina de niebla que la vuelve sosa, insípida, anodina. Este mundo no está hecho para nosotros, no podemos contentarnos con él. Quizá no sepamos definir el motivo, es un simple presentimiento, nos sentimos incómodos, avergonzados ante la idea de fundirnos con esa vida. Estamos agitados, inestables, inquietos. Notamos una carencia, una insatisfacción, una tensión interior que se intensifica de un modo tan apremiante que se hace necesario romper con lo que se era

74. Charles Juliet, *Dans la lumière des saisons*, P.O.L, París, 1991, p. 44.

antes. Queremos convertirnos en otro, sin saber muy bien en quién, pero convencidos de que nuestra verdadera identidad no podrá eclosionar allí, en esos lugares, con esa gente, en esa realidad que nos asfixia. Esta afirmación es necesariamente violenta. ¿Cómo vamos a decirles a quienes comparten esa vida con nosotros —personas que nos importan a pesar de todo— lo mucho que deseamos cambiar? Acceder a una nueva identidad es también una ruptura íntima dolorosa, una verdadera crisis. No basta con quitarse el uniforme para darle a la vida una nueva dimensión.

En su obra autobiográfica titulada *Lambeaux* («Retazos»), el novelista Charles Juliet resigue ese recorrido interior, radical y violento. Tras la muerte de su madre es entregado a sus padres adoptivos, y a los doce años entra en la escuela militar de Aix-en-Provence; a los veinte es admitido en la escuela de medicina militar de Lyon. Parece que el camino está trazado: sólo tiene que seguir adelante y convertirse en médico militar. Sin embargo, una profunda inquietud desasosiega al joven y lo impulsa a abandonar los estudios de medicina tres años más tarde. Es romper con aquel recorrido en línea recta, salirse de la formación y liberarse de una parte de sí mismo aún prisionera de aquel entorno restrictivo; la ruptura con la persona que ha sido es una transformación que pasa por la aniquilación de lo que iba a ser. Tiene que deshacerse de su programación interior, romper con lo que ha sido hasta entonces. Deshacerse de los retazos de su antigua vida, convertida en historia muerta.

Retazos es sinónimo de jirones, de tela o de piel. Con ese título, Juliet condensa la violencia de una ruptura con los demás y consigo mismo, una escisión interior a la que sigue una larga crisis personal. Porque esa ruptura es también derrota, pese a obedecer a una necesidad imperiosa. Ya no quedan de la antigua vida nada más que retazos, fragmentos desprendidos que han perdido todo sentido y todo valor.

¿Qué queda de él? Resulta difícil ver el dibujo de un póster hecho jirones. La ruptura también se vive como una traición y como un acto de cobardía. Parece imposible asumir que alguien haya elegido otra vida. Da la impresión de que el que abandona su vieja vida lo hace como un villano.

> Dejas la escuela como un villano, sin avisar a nadie, sin despedirte de tus amigos, a los que, sin embargo, tienes cariño. Durante mucho tiempo tendrás remordimientos. Pero no sabrás explicar por qué te has ido. [...]
>
> Liberado después de once años vistiendo el uniforme. Embriagado al decirte a ti mismo que tu vida está a punto de empezar. Sientes una felicidad que te transforma durante semanas. Desde luego no tenías duda de que se te venía encima una crisis que iba a durarte más de veinte años.[75]

Como un villano y con la vergüenza que se siente al querer convertirse en otra persona, en alguien diferente. Con la vergüenza de una ambición de la que podrían burlarse los demás. Como un villano, porque sientes en tu interior que no eres como ellos y que tendrías que confesárselo. ¿Pero cómo hacerlo sin hacerles daño? ¿Cómo explicar el engaño en que hemos vivido durante tantos años? ¿Cómo confesar tanto tiempo de fingimiento?

> Más tarde descubres esta otra evidencia: como no te gustas a ti mismo, tienes motivo para transformarte, para remodelarte. Sientes la exigencia dentro. Que te servirá de apoyo, de guía, que te aportará esa pequeña luz que te permitirá abrirte un camino en la noche.
>
> Pero para poder construir de nuevo primero necesitas destruir lo viejo, hacer limpieza. En primer lugar, tienes que

75. Ibíd., *Lambeaux*, Gallimard (col. Folio), París, 2005, p. 127.

> matar a ese soldadito que llevas dentro. Que sigue dentro de ti, con sus miedos, sus heridas, con el recuerdo de las humillaciones sufridas, con su rabia, su resentimiento... Y luego tienes que ir hasta el extremo del miedo. Hasta el extremo de la angustia. Hasta el extremo de la culpabilidad. Hasta el extremo del odio a ti mismo. Hasta el extremo del dolor... Y cada vez que llegas al final del camino tienes que mirar con los ojos bien abiertos y, desde lo más hondo, observar, registrar, adquirir progresivamente un conocimiento real de todo lo que te constituye.[76]

El narrador evoca esa necesidad interior, al principio sufrida y, sin embargo, llevada adelante pese a tener la sensación de que es un movimiento hacia un más allá, hacia una alteridad. Esta travesía hacia un yo real ya ha empezado, furtivamente, de manera soterrada. La ruptura se ha consumado, la falla se ha agrandado. Este movimiento interno lo orienta y le somete a una tensión irresistible, es el impulso de la ruptura, la flecha interior que guía y que rasga. Antes de que nos lo confesemos a nosotros mismos, de que lo reconozcamos, hay algo en nuestro interior que sabe, con una conciencia casi orgánica, que esta vida nos ahoga, nos lastra y nos empuja a buscar un lugar donde respirar, liberarnos, desarrollarnos. Esa conversión de nosotros mismos es destrucción de las reglas, aniquilación interior, aborrecimiento de ese ser limitado, ahogado en su uniforme. Hay que matar al soldadito, al animal gregario en que nos han convertido los demás. Aprender a estar solo, a definirnos por nosotros mismos. Hay que deshacerse del niño herido, curarse las quemaduras del pasado. Hay que superar la noche: despojarse de todo atributo exterior y soportar la angustia de una identidad vacía. La noche es el tiempo de la lucidez, mo-

76. Ibíd., pp. 139-140.

mento de lucidez que no acaba de llegar con tantas obligaciones, normas y miradas reprobatorias. Ofrece ese espacio en el que la representación se vuelve más mordaz, se exacerban los sentidos. De noche no hay lugar para la mentira.[77] Violencia de una verdad, de una evidencia liberada por la noche, que rasga y corta el velo de las costumbres. Al final se trata de saber quién eres: «Conocerte. Suscitar en ti una mutación. Y, por eso mismo, ampliar tus límites, derribar los obstáculos, liberarte de ti mismo, construyéndote un rostro. Crear, así, las condiciones de una vida más amplia, más alta, más libre».[78]

¿Qué significa «construirse un rostro»? Sabemos que en el rostro reflejamos las expresiones, la mímica de nuestros seres cercanos y hasta las arrugas de un padre o de una madre, como si heredáramos incluso sus inquietudes. Adoptamos —a nuestro pesar y a veces incluso considerándolos estigmas familiares— gestos típicos, una voz grave o demasiado aguda, una respiración agitada, un tono ronco, una espalda curvada, un entrecejo fruncido... En mi rostro ya sólo veo los rasgos de mi padre o de mi madre, la historia de otro, las huellas dejadas por los acontecimientos, por la enfermedad, por las noches de insomnio, por el alcohol o por los medicamentos. Ese rostro no es el mío.

A veces es nuestro rostro el que nos pone en guardia, es nuestro cartel anunciador, el que nos dice que es hora de romper, antes de que tengamos el mismo rostro que los demás, renunciando a nuestra singularidad: «Justo al borde, justo. Pronto me pareceré a esas caras marcadas, patéticas, que me echan para atrás, de las peluquerías, cuando las veo,

77. «Sin que lo sepas, te has embarcado en ese viaje y has tenido que dar tu consentimiento. Una noche, en uno de esos momentos de hiperlucidez que te concede el insomnio, el velo se ha rasgado...» (ibíd.).

78. Ibíd., p. 142.

volcadas, en el lavacabezas. Dentro de cuántos años. Al borde de las arrugas que ya no puedo ocultar, de las carnes flojas. Yo era ya esa cara».[79]

De este modo crearse un rostro es, literalmente, recuperarse, deshacerse de una máscara que nos hemos plantado por costumbre, por familiaridad, por proximidad. Crearse un rostro es borrar todo lo que no somos nosotros mismos, maquillaje social o familiar, y redibujarnos la cara. Nos quitamos la máscara y aceptamos ese rostro en blanco, sin expresión, una cara lavada por los lloros, por la fatiga. Y en esa cara lavada, extenuada, vacía, dibujamos nuevos rasgos. Siempre sorprende ver hasta qué punto el rostro puede expresar por sí solo el hecho de habernos enfrentado a una dura prueba y haberla superado. Hasta qué punto cambia después de un éxito académico o profesional, o cómo resplandece por efecto de la felicidad amorosa.

En la obra de Charles Juliet la ruptura es necesaria, es radical y se plantea como condición para alcanzar el verdadero yo. Es imprescindible deshacerse del falso yo, creado desde el exterior e impuesto con gran rigidez desde la infancia. El pedopsiquiatra y psicoanalista D. W. Winnicott ha definido esta noción del «falso yo». En algunos comportamientos agresivos o perturbadores de niños o adolescentes se manifiesta su necesidad de sentir que existen. Sienten que «pierden su identidad» y no se sienten «reales» más que en la oposición o la provocación, en la resistencia a un yo social civilizado. La desobediencia se convierte en un modo de afirmar su desacuerdo, pero sobre todo de sentirse seguros de su propia existencia. Las «crisis» dicen algo de la excesiva presión social o familiar que pesa sobre el niño, que con-

79. Annie Ernaux, *La mujer helada*, Cabaret Voltaire, Madrid, 2015.

sidera profundamente amenazadora. Si se someten por completo a las órdenes para satisfacer a quienes los rodean, estos niños se sumen en un sentimiento de irrealidad, tienen la impresión de ser «falsos». Winnicott da el ejemplo de un muchacho, hijo de un colega, que no soporta haberse transformado en un chico bien educado después de haber sido durante mucho tiempo «un niño difícil y un mal alumno». Paradójicamente, esta metamorfosis es insoportable para el niño que no se reconoce ya en su nueva identidad. Se ha adecuado tanto a las expectativas del exterior que tiene la impresión de estar amenazado por una muerte inminente, como si ese nuevo yo pudiera llegar a borrar el anterior. No consigue dormirse y teme que lo apuñalen si cierra los ojos. Adaptarse demasiado bien a un ideal equivale, a la larga, a negarse uno mismo, a desaparecer. Convertirse en otro resulta desconcertante, el niño se siente perdido e intenta salvar su «yo» plantando resistencia a ese «falso yo», a esa identidad demasiado insulsa que asimila a la de una niña.[80] Como dice Winnicott, la profunda angustia del chico es una angustia mortal, teme perder su identidad, dejar de ser real.[81]

Este sufrimiento paradójico de buen alumno explica también que determinados adultos escojan desviarse de una trayectoria profesional brillante para afirmar algo más esencial. A veces se tiene éxito a costa de una traición íntima, que

80. D. W. Winnicott, *Conversations ordinaires*, «Le concept de faux soi», Gallimard (col. Folio Essais), París, 1988, p. 96: «Es el hecho de ir bien en el colegio lo que no funciona. Es terrible. Es como si fuera una niña».

81. «Ese niño de diez años era capaz de explicarme que si trabaja bien, se lleva bien con su padre, pero que al cabo de un tiempo empieza a perder su identidad. [...] Entonces se las arregla para que los profesores se enfaden con él. De este modo se vuelve real.» (D. W. Winnicott, op. cit., p. 97).

acaba por dar la impresión de que se interpreta una comedia insoportable. Puedo disfrutar de todos los atributos de un éxito profesional y social y tener la sensación de no haber vivido la vida.[82]

Podemos tener la sensación de haber obedecido a los deseos de los demás (a menudo a los de los padres), convirtiéndonos en esa imagen de éxito y haber delegado una parte de nosotros mismos a un hermano, un amigo o un colega que la ha llevado a término en nuestro lugar, mientras nosotros sentimos el dolor de esa parte que hemos perdido. Si es así, para reafirmarse en un modo de ser más «conforme a nuestro verdadero yo», habrá que someterse a una profunda modificación existencial.

Por supuesto, la ruptura íntima toma formas diversas y todas las rupturas no tienen por qué tener la forma tan radical y rotunda que presenta Charles Juliet. Pero correr el riesgo de encontrarse a sí mismo es también correr el riesgo de perderse. En muchos casos, tal como explica Juliet, ese camino hacia uno mismo se convierte en una crisis extenuante. Descubrir lo que somos o lo que deseamos no es algo que parta necesariamente de la evidencia, sino que en ocasiones es fruto de un largo cuestionamiento sobre uno mismo, por lo que no es tanto un sentimiento de identidad como un sentimiento de impostura lo que nos empuja a convertirnos en otra persona, sin saber necesariamente hacia dónde vamos. La necesidad de la ruptura se impone en principio negativa-

82. Anne Dufourmantelle, *Se trouver*, JC Lattès, París, 2014, p. 34: «Uno puede tener grandes satisfacciones en su trabajo y aun así sentir que ha dejado abandonada una gran parte de su ser [...] resulta muy difícil confesar [...] que pese a los oropeles del éxito por dentro nos sentimos fracasados».

mente, es la frustración o la carencia la que nos da la fuerza de dejar atrás una existencia hecha de artificios. Y es también la vergüenza por lo que somos lo que nos empuja a convertirnos en algo diferente. La ruptura, cuando responde a la aspiración positiva de afirmarse, de mostrarse al exterior, en una lógica de crecimiento y una perspectiva de autenticidad (llegar a ser nosotros mismos), va también acompañada de un sentimiento de culpa, de una sensación de traición. Para «pasar a la hora nueva», para «nacer por segunda vez», como dice el escritor Pierre Bergougnioux en *Exister par deux fois* («Existir dos veces»), obra con un título revelador, hay que «morir en el mundo antiguo». Hay que tomar una nueva trayectoria y eliminar el antiguo mundo, pero «tal operación no es fácil».[83] La ruptura no es tan simple. Los afectos de los *transclase* muestran perfectamente la persistencia del arraigo al medio de origen, por mucho que haya ascendido socialmente el individuo. El desapego nunca es total. No habría lugar para la vergüenza si uno no se sintiera en absoluto vinculado a sus familiares cercanos, y aun así seguimos asumiendo la responsabilidad de lo que son y lo que representan, como si fuera cosa nuestra. Interiorizo la imagen degradada de mi familia y esa imagen contamina la mía propia.[84] La filósofa Chantal Jaquet adopta la expresión de *fluctuatio animi* de Spinoza. El alma oscila entre diferentes

83. «Tras acabar los estudios secundarios partimos en masa, por primera vez. Habíamos descubierto el mundo exterior, la gran ciudad, la enseñanza superior con los contenidos de pensamiento que albergaba. Hubo que morir, en cierta medida, en el mundo antiguo que habíamos dejado atrás, acabar con nuestro propio ser, para nacer por segunda vez, en otro lugar, en la hora nueva en la que nos habíamos prometido que nos convertiríamos. Y tal operación no es fácil, es complicado cambiar.» (Pierre Bergougnioux, *Exister par deux fois*, Fayard, París, 2013, p. 15.)

84. Chantal Jaquet, *Les transclasses ou la non-reproduction*, PUF, París, 2014, p. 169.

polos afectivos. Esa ambivalencia de los sentimientos, esa fluctuación interior en cuanto a posicionamiento —el rastro del antiguo arraigo familiar, social o amoroso y la reivindicación al mismo tiempo de una nueva pertenencia— es algo común, sin duda, a toda forma de ruptura. Cuando afirmamos la aniquilación de lo antiguo o la pretensión de romper los vínculos, de hacer el duelo del antiguo yo, pasamos por alto el poder de los fantasmas, la memoria del cuerpo, la fuerza de las costumbres afectivas, los arraigos infantiles. No basta con marcharse de un lugar para que dejemos de llevarlo dentro. No basta con dejar a un hombre para olvidar su piel.

La ruptura es en realidad desgarro constante, idas y venidas interiores, inquietud. Es un largo trabajo íntimo de liberación, de distanciamiento y de apaciguamiento afectivo. Hay que conseguir aplacar la violencia de los sentimientos que suscita en nuestro interior. Hay que aprender a tolerarlos como efecto inevitable de la conmoción que produce la ruptura y controlarlos progresivamente. Sea yo quien la provoque o quien la sufra, la ruptura es siempre un cataclismo interior.

4

El placer de la dispersión

> Quizá no estemos hechos para un solo yo.[85]
>
> Henri Michaux

Pese a todo, estas interpretaciones suponen que existe un verdadero yo, una identidad profunda que la presión social o familiar puede aprisionar en otra identidad que encorseta al individuo hasta ahogarlo. Que hay un verdadero yo y un falso yo. Un rostro verdadero y uno enmascarado. Que hay una forma visible o de necesidad, pero que sabemos de forma intuitiva quiénes somos realmente. Pero ¿es siempre así? ¿No estamos hechos en realidad de una sucesión de pequeñas rupturas, de la yuxtaposición de identidades desvinculadas que se combinan según las circunstancias? ¿No es nuestra identidad precisamente esa combinación de fragmentos de ser que el azar dispone sin razón o motivo? Peor aún: ¿no experimentamos cierto placer, o una necesidad de multiplicidad, que nos impide encerrarnos en una sola identidad?

85. Henri Michaux, «Difficultés» [1930], en *Plume*, précédé de *Lointain intérieur*, Gallimard, París, 1963, p. 663.

Estas rupturas íntimas que provocan la emergencia de un nuevo sujeto no son sólo dolorosas; son a la vez profundamente inquietantes y excitantes. Interrogan la representación fundadora del sujeto, en su constancia y en su continuidad, en su duración. Plantean la cuestión de la unidad de nuestro ser. Quizá no estemos hechos para un solo yo, tal como afirma el poeta Henri Michaux.

> El 'yo' no es en ningún caso otra cosa que provisional (cambiante en relación con uno u otro, un, yo, *ad hominem* que cambia en otro idioma, en otro arte), preñado de un nuevo personaje que un accidente, una emoción, un golpe en la cabeza puede liberar, con la consiguiente exclusión del anterior y, para sorpresa general, en muchos casos formado al instante. De modo que ya estaba completamente formado.
>
> Quizá no estemos hechos para un solo 'yo'. Nos equivocamos empecinándonos en serlo. El prejuicio de la unidad.[86]

¿Soy algo más que eso en lo que me convierten los accidentes? ¿Por qué creer en un sujeto constante? ¿No hay acaso una miríada interior de personajes que surgen según se le antoja al destino? Lo que yo soy ¿no es siempre una sorpresa? Según Michaux, estaríamos cegados por el prejuicio de la unidad. Partimos del principio de que existe una identidad estable y singular para cada individuo, imaginamos que somos una persona cuando quizá no seamos más que una serie de personajes. ¿Por qué esa preferencia espontánea por la unidad del sujeto?

Ese «prejuicio de la unidad» quizá provenga de la gramática, tal como sugiere Nietzsche. Creemos que existe un yo porque nuestros idiomas europeos lo conjugan. Debe existir una primera persona, un «yo» que constituya una

86. Ibíd.

singularidad absoluta. Esa idea de una unidad de sujeto está arraigada en nosotros desde siempre. Se enuncia desde las primeras reprimendas que recibimos como niños: «No te distraigas más, concéntrate». Del mismo modo, es así como se construye progresivamente ese ideal de un sujeto unificado, capaz de poner el objetivo en una cosa y, con ello, de concentrarse, de ser uno.

Sin embargo, nos dispersamos constantemente y soportamos nuestra existencia precisamente porque somos capaces de alejarnos mentalmente, porque podemos jugar con la realidad, cubriéndola con un velo imaginario, porque superponemos constantemente nuestras proyecciones, imágenes producto de nuestra fantasía, a la realidad para hacerla soportable.

Necesitamos ser diversos individuos diferentes para poder librarnos de uno y encontrar al otro, como en las escenas de las viejas series estadounidenses en las que el padre deja de ser un ejecutivo intermedio en cuanto atraviesa el umbral de la puerta de su casa. Se deshace de la corbata en un gesto muy simbólico, como si se tratara de un lazo o de una cuerda, y se sirve un whisky bien cargado.

Seamos ejecutivos o no, todos tenemos necesidad de quitarnos el traje, de tirarnos en el sofá y, con ese simple gesto, convertirnos en otra persona, de adoptar otra forma corporal que nos libere y que dé rienda suelta al sujeto ocioso que llevamos dentro. No es sólo que interpretemos papeles diferentes; es que nuestro ser no es único, se manifiesta en diferentes facetas. A Bergson le gustaba la imagen del caleidoscopio, que podría aplicarse al sujeto: la ocasión, la situación hace que me convierta en otro. Puedo resultar muy diferente de lo que creía ser. La paleta de colores de mis identidades es muy amplia. Puedo tener un impulso valiente en una situación de peligro, desarrollar una devoción maternal inesperada o traicionar a los míos, comportarme como un villano.

La idea de una subjetividad múltiple, de una carencia fundamental de unidad de sujeto, no es nueva. Ha intrigado a la filosofía durante mucho tiempo, tal como recordaba el filósofo Clément Rosset en una de sus *Conferencias mexicanas*. Rosset se tomaba muy en serio esa posibilidad de vacuidad fundamental del sujeto, para asombro de sus contemporáneos, que no podían concebir que no fuera más que una broma:

> La idea de que cada uno de nosotros posea una identidad personal, lo que implicaría una unidad psicológica y caracterial que se mantiene a lo largo de la vida y que constituye una especie de hecho permanente, tan inalterable que ningún giro del destino sea capaz de modificarlo profundamente, es una creencia que no parece demostrable con ninguna reflexión crítica [...].
>
> Tanto es así que, con ocasión de la publicación de mi libro *Loin de moi*, en el que contestaba la existencia de una identidad personal diferente de la identidad social, tuve la sorpresa de leer recensiones críticas que abalaban mi idea, que consideraban una paradoja divertida, pero que, en su opinión, no era más que una broma muy graciosa. Porque claro, yo soy yo y él es él, eso se ve y todo el mundo lo sabe. Por mucho que el capitán Haddock intente adoptar las formas y los hábitos de un nuevo rico al principio de *Las siete bolas de cristal*, no deja de ser el capitán Haddock.[87]

En estas líneas resulta evidente que la idea de la identidad personal se basa en la representación de un «yo» visto como una fortaleza interior. Lo que yo soy nadie podrá deshacerlo, nadie podrá demolerlo. Mi «yo» es inexpugnable, inquebrantable, inalterable: nada puede hacer que me

87. Clément Rosset, *Tropiques. Cinq conférences mexicaines*, Éditions de Minuit, París, 2010, pp. 31-32.

convierta en otro. Claro que puedo divertirme fingiéndome otro, disfrazarme, pero en el fondo sé perfectamente quién soy. Yo soy yo, nos decimos, como si esa tautología fuera la expresión de una evidencia absoluta. Pero lo que es absoluto es nuestra angustia por no tener un «yo», por ser maleables, por flotar a la merced de los embates de la vida. ¿Y si no nos bañáramos dos veces en el mismo «yo»? ¿Y si yo fuera mucho más inconstante, más cambiante de lo que me puedo imaginar, de lo que me quiero imaginar? Esa hipótesis, recuerda Rosset, no es la fantasía de un autor provocador. Es el sentido profundo de las preguntas de Pascal en sus *Pensamientos*.[88] Montaigne y Hume se han planteado seriamente la cuestión de la irrealidad del yo. «Puesto que el yo es imperceptible», afirma Hume. ¿En qué basamos pues su existencia? ¿Es acaso otra cosa que la expresión de una creencia, y sobre todo de una inquietud, la de no ser nada en el fondo? Esa unidad, que podría garantizar mi memoria, hilo director de una continuidad interior, ¿no es una mera ilusión? ¿Quién me dice que mis recuerdos sean realmente míos? Podrían ser perfectamente una colección de recuerdos de los demás, reconfigurados un poco al azar, siguiendo la rotación de los acontecimientos, sugiere Rosset, que recupera la imagen bergsoniana del caleidoscopio: «Mis recuerdos son como un caleidoscopio, cuya autoría podría atribuir a tantas personas como recuerdos hay, como en las piezas superpuestas de las que habla Montaigne».[89]

88. «Esta pretendida evidencia es una evidencia de trampantojo, como han demostrado a mi juicio de manera incontestable algunos filósofos que distaban mucho de ser espíritus bromistas. Como Pascal, con las numerosas críticas del "yo" que se encuentran en sus *Pensamientos*. [...] Porque si el "yo" es detestable, es principalmente porque el "yo" no existe, y menos aún en tanto que entidad personal.» (Ibíd.)

89. Ibíd., pp. 34-35.

Caleidoscopio, mosaico, ¿cuántas personas hay en mí? Y ¿por qué debería preocuparme? ¿Es algo tan trágico poder desdoblarse, ser potencialmente diferente en todo momento? ¿No es más excitante eso que estar siempre encerrado en una identidad fija, estable? Por otra parte, podríamos preguntarnos si esa modalidad de ser es siquiera posible. ¿Podemos ser otra cosa que seres fluidos, cambiantes? Y ¿no nos proporciona incluso placer ser siempre algo diferente?

Para el psicoanalista J.-B. Pontalis, las diferentes etapas de la vida y los papeles que nos obliga a interpretar le dan a nuestra existencia una forma casi incoherente; es como una sucesión de escenas oníricas, inconexas, sin lógica aparente, y crea una desagradable sensación de dispersión:

> Algunas de mis jornadas son de lo más fragmentadas, me hacen interpretar papeles muy variados, a veces incompatibles, como en esos sueños que nos llevan por lugares diferentes y en los que pasan ante nosotros rostros y personajes sin relación aparente, para dejarnos al despertar una insoportable sensación de dispersión.[90]

Pontalis parece lamentarse de no poder quedarse con uno de esos roles para disfrutar de él plenamente. Pero no son sólo los roles, y no es sólo esa sensación insoportable. Son aspectos de nuestra identidad, y es precisamente esa variación la que trae el interés y el dolor a nuestras vidas. En cambio, una existencia reducida a un solo papel, una sola partición, acabaría por convertirse en pura repetición, una imitación cada día un poco más caricaturesca de lo que ya hemos vivido. Convertirnos en autómatas es como entrar en una vía muerta. Hay que resistir a la tentación de la inercia,

90. J.-B. Pontalis, *Al margen de las noches*, Paidós, Barcelona, 2014.

a la seducción de la materia, resistir a la facilidad de una identidad fingida, no dejarse arrastrar a un mundo en el que ya no hay nada vivo ni nuevo.[91] Bergson nos pone en guardia: no debemos «dejarnos llevar por el automatismo fácil de las costumbres contraídas»,[92] o nos volveríamos ridículos sin darnos cuenta.

Llegados a este punto, podríamos defender la idea de que esa dispersión es fundamentalmente necesaria. Para escapar a la tensión que suscita el esfuerzo de ser uno mismo, el hombre quizá necesite multiplicar el número de personajes que interpreta. Bergson fue el primero en señalar el trabajo que suponía ser una persona, la tensión que imponía a la conciencia esa continuidad interior unificadora, y había identificado los momentos de distracción que nos ofrecía a veces. La risa, el sueño, pero también ciertas disfunciones de la memoria o de la percepción son las distracciones, los recursos de relajación de una conciencia fatigada por esa concentración extenuante.[93]

En su conferencia de Madrid sobre la personalidad, Bergson habla de los fenómenos de disociación o de desdoblamiento de la personalidad, «estados excepcionales» en los que se producen las «rupturas, los resquebrajamientos de la personalidad»: «La experiencia parece demostrar que en muchos casos ese flujo [de la vida interior] se interrum-

91. Cf. Henri Bergson, *Le Rire*, PUF, París, 1991, p. 22.

92. Ibíd., p. 14.

93. Élie During, «Introduction», en Henri Bergson, *Le Souvenir du présent et la fausse reconnaissance*, PUF, París, 2012, p. xxviii: «Ser humano, ser una persona [...] requiere un esfuerzo de ajuste constante, por eso es tan extenuante ser una persona. [...] una distracción o un relajamiento fundamental, una fatiga de ser, amenaza en todo momento con interrumpir el "esfuerzo agotador" requerido para dar a los pensamientos y los actos de uno mismo la continuidad que hace reconocible a una persona».

pe, y que la continuidad de la vida interior se rompe en pedazos independientes unos de otros».[94] Bergson se muestra escéptico en cuanto a la posibilidad de que una personalidad se hunda. «Yo no creo, dice, que una personalidad pueda romperse en mil pedazos como el cristal.»[95] En vez de la imagen sólida de una materia que se rompe, Bergson prefiere la representación más plástica de la conciencia, que se comprime o se relaja. Y que debe luchar constantemente contra la tentación de dejarse llevar por la discontinuidad, por la distensión. «Para [dejar] pasar ese flujo de la vida interior, sin interrupción, hay que mantener comprimido un resorte de acero. [...] El hombre consigue mantener comprimido el resorte, y el flujo de su vida consciente pasa continuamente sin romperse en pedazos. Eso exige un esfuerzo, representa un esfuerzo agotador. Es muy cansado ser una persona.»[96]

Al sujeto agotado por ese esfuerzo, la naturaleza, dice Bergson, le ofrece una «vacancia»; ése es el motivo de ciertos fenómenos de amnesia y de desdoblamiento de la personalidad que estudia.[97] Metemos nuestra persona normal o habitual entre paréntesis y nos sumergimos en otra, para descongestionarnos. Con la disociación, nos concedemos la levedad de convertirnos en otra persona. Pero ¿por qué tiene que efectuarse esa separación de un modo inconsciente y patológico? ¿Por qué no pensar en ese paso de un modo de ser a otro como en una especie de ética, que nos permite precisamente no alterar ese punto de agotamiento que engendran la concentración y la unicidad? ¿Por qué no pensar

94. Henri Bergson, «Conférence de Madrid sur la personnalité» (1916), en *Mélanges*, PUF, París, 1972, p. 1224.

95. Ibíd., p. 1225.

96. Ibíd.

97. Cf. ibíd., p. 1226.

en un sujeto que esté hecho de diferentes líneas melódicas, y que una pueda adelantar o suceder a la otra?

Evidentemente, no es Bergson quien nos dará los elementos de esa ética y, aun así, es él mismo quien nos da las pistas que nos permiten pensar en una multiplicidad interior. En esa misma conferencia, Bergson afirma que en principio gozamos de una gran multiplicidad interior, que vamos perdiendo a medida que avanza la vida:

> Sería muy interesante mostrar cómo, en el transcurso de nuestra existencia, aparecen numerosas personalidades que entran en competencia, y entre las que debe elegir nuestra propia vida. [...] Es curioso ver cómo se dibuja esa multiplicidad de personas morales virtuales, sobre todo en la infancia [...]. Supongamos que, de esos futuros, se realiza el más brillante, el más complejo de todos; habremos tenido que sacrificar los otros, y con ello habremos perdido muchas posibilidades para siempre. Lo mismo ocurre en el paso de la infancia a la edad adulta. A medida que avanzamos en la vida, vamos tirando por la borda numerosas personalidades posibles.

¿Y si fuera al revés? ¿Y si la maduración fuera en realidad la adopción de esas personalidades diferentes, o cuando menos de diferentes modos de ser? Bergson se erige en artista, poeta o novelista, en una persona capaz de dar vida a los personajes virtuales que lleva dentro, a los que transforma en personajes literarios. Si cada uno de nosotros renuncia a la mayoría de sus personajes posibles a medida que avanza en la existencia, el artista hace de ellos figuras de su creación. Pero al final, eso que hace el artista —«sacar de dentro», «realizar», «todas esas existencias incluidas virtualmente en la suya propia»—, ¿por qué no podemos hacerlo también nosotros?

¿Por qué no vivir cincuenta veces en lugar de una sola?[98] De ser así, podríamos pensar en una vida hecha de bifurcaciones, como la estructura de un árbol, y no en una vida que desarrollamos lanzando por la borda otras posibilidades. Una vida que, a medida que se afirma, a fuerza de abrir otras casillas, acepta el riesgo de adoptar otras formas, de tomar otros ritmos, de desarrollar otras maneras de ser, de explorar sus posibilidades. ¿Por qué no pensar que desarrollamos esas capacidades, en lugar de imaginar que tenemos que renunciar a ellas? ¿Es que no podemos convertirnos en nosotros mismos más que a través de la pérdida y la reducción de posibilidades?

Porque cuando nos jugamos la existencia con una dura prueba, un desafío o una pérdida irreparable, el hecho de que tengamos todas esas posibilidades es una suerte, un recurso. Podemos pensar que esas personalidades diferentes de las que habla Bergson no entran en competencia, como dice él, sino que cohabitan, que una tomará el relevo a la otra, que se sostienen mutuamente y se entrelazan, que se alimentan unas a otras. Así, no es que pierda al niño que era antes, sino que sigue en mí y, con él, la riqueza de sus diferentes posibilidades: «Tenemos todas las edades en todo momento».[99]

Esta composición interior de identidades, de edades, de sensibilidades, de lo vivido, nos liberaría del peso de no ser

98. Cf. ibíd., p. 1217: «Los propios don Quijote, Sancho Panza [...] son el poeta, son el propio Cervantes, o lo que habría podido ser; sus vidas son las que habría podido vivir él si hubiera vivido cincuenta veces y no una sola».

99. Pierre Bergougnioux, op. cit., pp. 157 y 185. Pierre Bergougnioux cita también al psicoanalista Groddeck: «Exteriormente, soy el señor de cierta edad que el tiempo ha hecho de mí, pero por dentro soy como una muñeca rusa, que lleva en su interior lo que ha sido anteriormente, día tras día».

más que lo que somos, haría posible una alegre y estimulante dispersión. También podemos ver el recorrido de una vida como un movimiento que «al insuflar vida a los fantasmas que nos rodean [...] nos vivifica[ría] a nosotros mismos».[100]

Por supuesto, hay que decir que el agotamiento es posible cuando esas identidades diversas se viven como obligaciones sociales, culturales, familiares, profesionales. La fatiga de ser uno mismo nace de la multiplicación de los papeles que hay que desempeñar.[101] Ser una buena madre, una colega eficaz y fiable, una mujer organizada, una amante siempre deseable. Desde el momento en que alguno de esos modos de ser se convierte en una carga y parece imposible, es difícil ver en ello una dispersión estimulante del sujeto, una repartición correcta de los equilibrios de la vida.

No se trata ya de negar la realidad trágica de las patologías disociativas. Podemos recordar las palabras de Maupassant, cuando se veía aquejado de terribles crisis de locura, de momentos de desdoblamiento o de alucinaciones: «Querría separarme de mí mismo».[102] No siempre es posible deshacerse tranquilamente de uno mismo, en el sueño, en la escritura, en los viajes; no siempre conseguimos «separarnos de nosotros mismos sin hundirnos, sin caer en un caos en el que todo se confunde».[103] Las líneas de Henri Michaux, punto de partida de nuestro capítulo, entran en resonancia con el vacío de disociación de pacientes que soportan un gran sufrimiento físico. En este caso no se trata ya de un es-

100. Henri Bergson, *El pensamiento y el moviente*, Cactus Editorial, Buenos Aires, 2013.

101. Cf. Alain Erhenberg, *La fatiga de ser uno mismo*, Nueva Visión, Buenos Aires, 2000.

102. Citado por J.-B. Pontalis en *Al margen de las noches*, op. cit.

103. Ibíd.

pacio de «vacancia», como escribía Bergson, sino de una verdadera deserción del sujeto o de su fragmentación interior. «Uno puede desaparecer de sí mismo a través del desecamiento, poniéndose en suspenso, pero también fragmentándose...»[104] Cuando el sujeto no soporta por más tiempo el esfuerzo de una unificación, no puede mantener la tensión que requiere tal síntesis de sí mismo, vemos que la personalidad se fisura y que en ocasiones se multiplica en un caos interior trágico y doloroso.[105] El enfermo renuncia involuntariamente, como dice David Le Breton, a «su rostro y su nombre únicos» que lo integran y lo identifican en nuestras sociedades.

La enfermedad psicológica se convierte de este modo en un modo de huir cuando nuestra propia identidad nos resulta insoportable y cuando se hace imposible cualquier otro tipo de huida. Ése es también el análisis que hace la filósofa Catherine Malabou, evocando una «metamorfosis por destrucción».[106] En esa metamorfosis, el sujeto desaparece, abandona su identidad, en una disociación que no per-

104. David Le Breton, op. cit.

105. Cf. ibíd.: «Normalmente la unidad del yo es un esfuerzo del individuo, una resistencia ante la amenaza de la disociación. En determinadas circunstancias, especialmente traumáticas, esa unidad se rompe en parte, y la personalidad se fisura, se vuelve innombrable. La discrepancia es un modo de defensa. Va al encuentro de una concepción propia de nuestras sociedades según la cual cada individuo constituye una sola persona, dotada de un rostro y un nombre únicos, de un estado civil y de una historia que le pertenece».

106. Catherine Malabou, *Ontología del accidente*, Tarahumara, Madrid, 2018: «La metamorfosis por destrucción no es equivalente a la fuga, es más bien la forma que toma la imposibilidad de huir. La imposibilidad de huir allí donde la huida se impondrá como única solución. Hay que pensar en la imposibilidad de huir en las situaciones en las que una tensión extrema, un dolor o una enfermedad nos llevan hacia un afuera que no existe».

mite ninguna subjetivación.[107] Tampoco hay tragedia, porque no hay sujeto que pueda vivirla o sufrirla.[108]

Esta dispersión del sujeto, cuando no lleva a esos episodios psíquicos destructivos, nos crea profundas dudas sobre cómo nos mostramos ante nosotros mismos. Podría ser que llegáramos a ser «nosotros» por azar, más que por una profunda necesidad. El modo en que uno se presenta ante sí mismo no tiene por qué depender de la decisión y de la ruptura voluntaria. A veces es por pura suerte que surge en nosotros una subjetividad inesperada. De este modo, nos convertiríamos en nosotros mismos por sorpresa, por accidente, sin previo aviso. A veces el «yo» aparece donde uno menos se lo espera.[109] No se trata de una identidad que supera la prueba, curtiéndose con ello, sino de un yo imprevisible, inédito, que se improvisa en ese mismo momento: «No es la manifestación de un carácter templado que ya teníamos antes de afrontar la prueba y que saca al exterior el duro golpe, sino la réplica improvisada, inmediata, a una derrota inesperada que nos ha confundido: inventarse una subjetividad a toda prisa, intentando mantener la compostura».[110]

En su obra *Bras cassé*, Henri Michaux explora esa idea de una nueva forma de vida y de identidad provocada por la

107. Cf. ibíd.: «Constitución de una identidad que huye, que huye ante la posibilidad de huir. Identidad abandonada, disociada una vez más, que no se refleja a sí misma, que no vive su propia transformación, que no la subjetiva».

108. Cf. ibíd.: «La modificación se vuelve más radical, más violenta; la fragmentación está más asegurada. La peor disensión del sujeto consigo mismo, el más grave de los conflictos, deja de tener forma de tragedia».

109. Cf. Mathieu Potte-Bonneville, *Recommencer*, op. cit., p. 13.

110. Ibíd., p. 14.

conmoción de un accidente, de una pérdida, que a priori no parece grave. Es la ocasión de lanzar una investigación personal profunda y curiosa, en la que habría que explorar cada fragmento de nuestra identidad, cada aspecto de nuestro ser, que tendría varios rostros, que se harían visibles según los accidentes de la existencia. Esa pérdida banal le hace girar sobre sí mismo y lo lleva a una reflexión sobre las variaciones del yo. Al descubrir que es algo manazas, torpe, se apropia también de un modo de ser vacilante, tímido, que también es suyo, y que desconocía.

5

El ser accidentado

Habría querido no haber sufrido en vano.[111]

Henri Michaux

En *Bras cassé*, Henri Michaux plantea una ruptura de la existencia de la manera más tonta. Se resbala, cae. Pero con la caída no se rompe sólo el brazo, como sugiere el título de la obra. Es un modo de vivir, la familiaridad, la facilidad de la existencia. «Me caí. Mi ser izquierdo se levantó y todo se volvió perfectamente neutro.»[112]

Lo que descubre Michaux es su ser zurdo. Un ser torpe, pero que es otro ser al fin y al cabo. Extraño, y aun así suyo: «su ser izquierdo». En cualquier caso, esa caída no tiene nada de espectacular, nada de impresionante en su sentido más literal: no se anuncia, no se hace ver. Deja muy pocos rastros visibles. Michaux se asombra de esa distancia que observa entre esas mínimas señales y la violencia provocada por ese accidente que lo deja por los suelos, en todos los sentidos: «Viejas agujas de alerce se me pegan a la chaqueta de

111. Henri Michaux, *Bras cassé*, Fata Morgana, 2009, p. 16.
112. Ibíd.

lana azul y al pantalón, manchado de tierra. Es todo lo que ha conservado mi ropa de ese accidente que tanto me ha cambiado, que me ha dejado incapacitado».[113]

Incapacitado porque ha perdido su solidez, su estabilidad, en el sentido físico, pero también psíquico. La caída hace que el sujeto se vuelva vulnerable, frágil. Se convierte en otro, en un ser cojo e inseguro.

Un hombre privado de su brazo derecho queda por fuerza desequilibrado: torpe, lento, ineficaz. Se ve privado de su cuerpo como aliado, pierde el timón. Se vuelve incapaz, nada le sale bien, un incompetente. El mundo ha cambiado, todo se ha vuelto «perfectamente neutro»: se han acabado las facilidades, las costumbres corporales, los gestos y los desplazamientos. Hasta para caminar, con el brazo inmovilizado, tiene dificultades. Da la impresión de que tiene inutilizado todo el cuerpo. Esta experiencia es, *a priori*, de pérdida y de extrañeza. «Aparte de los pies o los brazos rotos, o los pies y los brazos a la vez, mientras estoy ahí, tirado en el suelo, siento algo raro. Me han robado algo, me lo siguen robando.»[114] Lo que le han robado es su cuerpo, apoyo y cómplice, la costumbre de su cuerpo: el que tiene ahora no es más que una brújula enloquecida. Su propio cuerpo parece fallar, como un suelo que se desmoronara, como si el camino se hundiera bajo sus propios pasos. Pero el robo de su ser diestro, tan familiar, esconde un segundo rol que aparece en primer plano. Michaux desarrolla en ese ser torpe una verdadera curiosidad que de pronto lo domina y que hace que se ponga a escribir con ese brazo zurdo, sobre lo que ha puesto al descubierto la experiencia de la caída: otro ser, en sí mismo, o al menos otro modo de ser, un yo que él llama «yo hermano». Una presencia que ha pasado por alto du-

113. Ibíd., p. 14.
114. Ibíd.

rante años, que ha dejado todo este tiempo a la sombra. De modo que los accidentes ponen al descubierto los fantasmas, las potencialidades de nuestro yo, que normalmente están entre bambalinas, esperando la caída del joven actor principal para sustituirlo. «Y ahora no dejaba de dar vueltas, observando con sorpresa mi lado izquierdo, que nunca ha tenido un papel protagonista en mi vida, que siempre ha vivido replegado y que actualmente es lo único que me queda, mi yo hermano.»[115]

El accidente se convierte así en una posibilidad de adoptar esa parte de nosotros mismos y de «investigar»,[116] como dice Michaux. ¿Qué me enseña de mí mismo mi ser izquierdo? Podríamos interpretarlo como una imagen de la vulnerabilidad, un ser diferente, mermado, menos ágil, pero por la atención que exige es también un ser que actúa de otro modo, que observa el mundo y se relaciona con él siguiendo modalidades diferentes, que aporta otra mirada, que hace abrir los ojos ante todo lo que nos parecía demasiado conocido o evidente. Michaux evoca la «práctica inexistencia» de ese ser izquierdo. ¿En qué consiste esa existencia mínima y qué nos enseña? Se trata de saber quién soy «en cualquier caso», en todos los aspectos de mi ser.

Ese accidente se convierte por fin en una especie de experimentación personal: «Consideré lo que me ha enviado la suerte con ciertas complicaciones. Me sumergí en su interior. No intenté llegar a la orilla a toda prisa».[117] Me obser-

115. Ibíd., p. 17.

116. Ibíd.: «Empecé a arreglármelas con la izquierda, y a partir del día siguiente a la caída, pese a su torpeza, a su práctica inexistencia, me puse a escribir vermicularmente con la mano izquierda para no perder todo contacto con ese aspecto letárgico de la naturaleza, de "bella durmiente", del que tenía que tomar nota para no olvidarlo, para no omitirlo en mis futuras investigaciones».

117. Ibíd., p. 7.

vo con curiosidad, en esa situación que me pone a prueba y me descubre. ¿Quién soy yo, una vez desubicado por el accidente?[118]

¿Qué es, pues, un ser que sufre? Un ser desubicado, exiliado, amputado. El sufrimiento altera mi costumbre de ser, me hace perder mi estado natural, rompe esa complicidad silenciosa entre el cuerpo y el espíritu. El cuerpo falla, el espíritu muestra otro rostro, desposeído por esa desaparición de una parte de sí mismo, abatido por el sufrimiento que genera la enfermedad o la herida. El espíritu parece incluso ausentarse.

Sin embargo, mi ser izquierdo, sugiere Michaux, tiene también algo que enseñarme de mí mismo. Quedar desubicado es descubrirse diferente, y esa fragilidad no es sólo un defecto; al mismo tiempo nos indica otros modos de ser, otro estilo de existencia.

La experiencia del sufrimiento pone en cuestión ese lugar que hemos ocupado sin hacernos ninguna pregunta previa. ¿Realmente es el único lugar que podemos ocupar? Lo que está en juego es cómo nos situamos tras una experiencia que nos ha trastornado, que nos ha desorientado. Si mi cuerpo ha quedado desplazado «fuera del circuito», como dice Michaux, ¿en qué círculo se inscribe ahora? ¿Qué pulso lo mueve y qué mundo anima, crea o reaviva ese pulso? Si la costumbre determina nuestro modo de ser, puedo darle a mi cuerpo nuevas costumbres, usarlo de un modo diferente, explorar mi ser izquierdo y descubrir cómo hacerlo diestro. «La creación de uno mismo por uno mismo», bonita expresión de Bergson, puede adquirir un sentido particular en un contexto terapéutico. Mi cuerpo se ha visto modificado por la experiencia del sufrimiento, conozco al mismo tiempo su

118. Ibíd., p. 11: «El cielo y la Tierra mantienen su sitio, pero yo no puedo recuperar el mío».

vulnerabilidad y su poder, soy yo quien tiene que darle un sentido a la nueva relación que instauro con él. De este modo, podría tener la impresión, como Michaux, «de no haberlo pasado por alto en absoluto, de no haber sufrido en vano».[119] Hacer del accidente una experiencia de pensamiento, una experiencia que hace pensar, es convertir ese sufrimiento en una experiencia con sentido. Cada ser afligido espera encontrar un significado, un motivo que justifique esa experiencia absurda del sufrimiento físico. Lo que nos puede reconfortar es la idea de que experimentamos otra vertiente de nuestra identidad.

119. Ibíd., p. 10.

6

Nacimientos y separaciones

¿Cómo dejarse cuando dos personas son inseparables como una madre y su hija?[120]

LYDIA FLEM

No nos resulta natural asociar inmediatamente el nacimiento, ese «feliz acontecimiento», con las connotaciones negativas que vehicula la idea de ruptura. Y, sin embargo, el nacimiento constituye la primera de las rupturas, por las profundas transformaciones que presupone y engendra, con la transformación del cuerpo de la mujer, sin duda, que sufre una de las mayores deformaciones que puedan tolerar las especies animales, pero también de su psiquismo, de su relación consigo misma. Con la llegada de un niño, la madre renuncia a la posibilidad, al lujo de poder mantenerse al margen, de ser libre. Dando a luz a un bebé, se hace responsable de él. La madre renuncia, al menos durante un tiempo, a la soledad y a la independencia. Acoge, acompaña y

120. Lydia Flem, *Comment je me suis séparée de ma fille et de mon quasi-fils*, Seuil, París, 2009, p. 71.

acepta pasar a un segundo plano, tras el bebé, que altera las prioridades, el orden del tiempo y las libertades.[121]

Aunque habitualmente el nacimiento es considerado como un inicio, para la madre, para el bebé y para la pareja es también una ruptura profunda que los trastorna. Puede modificar y redefinir otras relaciones familiares y afectivas. Y convertirse en padres o en abuelos, dejar de ser hijo único, asistir a la paternidad de una hermana o un hermano son igualmente réplicas del nacimiento que alteran y a veces incluso obligan a inventar nuevas modalidades de relación. Es importante, pues, tomarse en serio su poder de perturbación. El nacimiento descoloca, redefine las fronteras y los límites de las identidades, de las relaciones. A la futura madre le toca, para empezar, hacer sitio, crear en su interior, en su cuerpo, un espacio donde acoger, alimentar y proteger a su hijo.[122] Simbólicamente, se pone en segundo plano, poniendo el bienestar de su hijo por delante de su propio bienestar y de sus deseos. En una transformación que no desagradaría a Kant, se convierte no sólo en fin, sino también en medio, o al menos en mediadora de una vida que no es la suya. Es el medio necesario e imprescindible para el nacimiento. Desde el embarazo, la mujer asume responsabilidades vitales. Es ella la que lleva el bebé dentro y quien lo trae al mundo en las mejores condiciones posibles. Su dolor, su incomodidad, sus inquietudes, su sufrimiento, su tristeza pasan a un segundo plano. El parto plasma ese movimiento de relegación que lle-

121. Cf. ibíd., p. 65: «Los padres que sueñan con su futuro bebé, ¿son conscientes de que nunca más serán dueños de sí mismos? ¿De que su ritmo de vida quedará cambiado por completo?».

122. Cf. ibíd.: «Un hijo transforma el cuerpo de su madre, que se prepara para él. La mujer se alegra —o se preocupa— al ver la curva de su vientre, de sus senos, que se hincha con la vida que lleva dentro. Sabe que para dar a luz a un nuevo ser debe acogerlo en su propio cuerpo, pero no mide todas las transformaciones que la esperan».

ga hasta el riesgo vital para la madre. En esa experiencia de desmesura, el cuerpo se dilata de un modo excepcional, perdiendo sus formas, abriéndose, desbordándose. El cuerpo de la parturienta es la condición necesaria para otro acontecimiento que deja en un segundo plano la dimensión traumática de ese momento de intensa deformación y de transformación radical.[123] En ese punto de proximidad a una muerte simbólica, de sacrificio personal, la mujer sufre una expulsión, una extirpación, la extracción del cuerpo de su hijo, que se convierte en algo ajeno a ella. El nacimiento es el reencuentro de dos extraños que han vivido en la mayor proximidad posible durante meses, una proximidad corporal pero también, por supuesto, física. Así, se comprende que ese nacimiento pueda ser percibido como un desgarro de una violencia enorme. Ese doble movimiento de desgarro/arraigo, de separación y de atención o protección del niño, se articula en torno al nacimiento y sus repercusiones. Y la respuesta al poder de la separación es la fuerza del cuerpo a cuerpo entre la madre y el hijo.

Esa proximidad extrema puede derivar en una enorme influencia mutua, que podría dejar una huella profunda. Christian Bobin compara la impronta dejada por ese vínculo primitivo y el poder de ese afecto arcaico con los de una quemadura: «Para la mujer sólo existe su hijo, está desbordada de amor, sin reservas. Le quema tanto el amor que se vuelve luminosa».[124]

En todo caso es lícito hablar de una «ocupación» de la madre por parte del hijo y da la impresión de que esa ocupación, lejos de cesar con el nacimiento, sigue ahí, sin llegar a

123. Cf. Chantal Birman, *Au monde. Ce qu'accoucher veut dire*, Seuil (col. Points), París, 2009.

124. Christian Bobin, *La part manquante*, Gallimard (col. Folio), París, 1994, p. 17.

desaparecer nunca. Así pues, para ayudar a su hijo a nacer por segunda vez —es decir, a revelarse ante el mundo y ante sí mismo—, la madre tendrá que soportar y preparar la separación, enfrentarse al vacío, a la ausencia y a la angustia de la pérdida.[125] Lydia Flem recuerda que *parental* y *separación* tienen un mismo origen etimológico: «Vincular, desvincular. Crear vínculos: dar la vida, dar la libertad. Yo nunca había relacionado las palabras *parental* y *separación*, y, sin embargo, ambas tienen la misma etimología. La palabra *separación* contiene la idea de *pariente*».[126]

Ser pariente, padre o madre, es a la vez preparar al niño para la llegada al mundo y hacer posible la separación, por dolorosa que resulte.[127] Es afrontar una doble ruptura: la del nacimiento y la de la partida futura, cuando el hijo abandone el nido familiar.

Pero volvamos al nacimiento. Y pensando en el nacimiento como una separación violenta, un desgarro, la psicoanalista Anne Dufourmantelle traza un paradigma que nos permite pensar en otras rupturas de la existencia. Así, toda ruptura supondrá en cierto modo una réplica de ese primer desga-

125. Lydia Flem, op. cit., pp. 70-71: «Alejarnos de un ser querido por un tiempo más o menos largo lo percibimos como una pérdida, una ausencia, con miedo de no volver a verlo».

126. Ibíd., «Se/paración», p. 69. Y más adelante: «*Pariente* viene del vocablo latino *parere*, "parir", traer al mundo, a su vez procedente de una raíz indoeuropea que expresa la idea de "producir"».

127. Cf. ibíd., p. 84: «Sin saberlo, cargan con nuestras heridas, con nuestros sueños, y tienen que deshacerse de todo ello, metamorfosearlo, para poder respirar con sus propios pulmones, caminar apoyándose en sus propias piernas, pensar con sus propias ideas. Vacilan, se tambalean, querrían responder a nuestros anhelos secretos. Pero querernos es también dejarnos».

rro. Y pensando en las circunstancias de un nacimiento que podríamos calificar de «suficientemente bueno», adoptando el calificativo del psiquiatra infantil Donald Winnicott, podríamos determinar los elementos que transforman un desgarro en un «nacimiento» o en un «renacimiento» del individuo.

Todo nacimiento o renacimiento, por la ruptura que supone, debe producirse en compañía. Pensar en la ruptura es también pensar en la hospitalidad de quien acogerá al individuo en tránsito, entre el doble y la unidad (en el caso de un nacimiento), o entre lo falso y lo verdadero (en el caso de un renacimiento), en quién le ofrecerá una esfera de seguridad en la que desarrollar su ser vulnerable, en la que afirmar su identidad aún frágil. Pero también podríamos afirmar que toda ruptura, para ser soportable, debe llevar a un acto de creación. Debe permitir la aparición o la afirmación del sujeto, su creación sin trabas, sin presiones. A través del nacimiento y del renacimiento, lo que aparece es la idea de una separación consentida y consolidativa.

Anne Dufourmantelle emplea repetidamente en su obra la fórmula «nacer no basta». ¿Qué es lo que le falta al nacimiento? ¿Cómo acompañar un nacimiento y prolongarlo, cómo hacer posible el desarrollo del ser recién nacido? Hay que considerar la atención, la calidad de la presencia, pero también la voz, la música, el tacto que acogen, que sostienen y que hacen posibles nacimiento y renacimiento. El nacimiento se inscribe en una historia de deseos y de representaciones del niño que precede a su existencia biológica. Todo nacimiento está envuelto por una crisálida de proyecciones felices, de angustias, de palabras y de melodías.[128]

Nos hemos olvidado de hasta qué punto sufre el bebé

128. Cf. Anne Dufourmantelle, *Éloge du risque*, Payot & Rivages, París, 2014: «Que cesen nuestros tormentos...», p. 126: «[...] el hecho de

con el nacimiento: un sufrimiento físico, el sufrimiento de la extracción, de la primera respiración, la agresividad del mundo exterior, el frío, el ruido, la luz cegadora.[129] Incluso cuando el parto se produce en las mejores circunstancias posibles, el nacimiento es una transición brutal de un entorno protector y de la copresencia a la unidad angustiosa, vivida como un exilio. Una vez «descubierto», desnudo, el niño queda expuesto a su enorme vulnerabilidad, después de haber sido portado y de haber estado íntimamente unido, envuelto en la burbuja materna. Echa de menos un capullo que lo proteja del mundo, áspero e inhóspito. La atención que recibe es el reconocimiento y la aceptación de su propia fragilidad. Hay que prolongar su anterior situación con dulces caricias, con el calor del contacto de la piel, susurrándole palabras tranquilizadoras, con una presencia constante, con atenciones y cuidados, sustituyendo el entorno uterino por otro quimérico, hecho de voz, de caricias, de suaves contactos que le permitan ir desarrollando poco a poco la percepción de su propio cuerpo.[130] Esa burbuja protectora artificial del recién nacido de la que muchas cultu-

---

llegar a la vida porque otro nos ha traído a ella, nos ha llamado, balbucido, esperado, dudado, cantado, parido, lo que llamamos haber nacido».

129. Ibíd., «Soledades», p. 142: «Nos hemos olvidado de que un día nos arrancaron de nuestro estado fetal, del útero que nos acogía. Un ser nacido de dos por división celular. ¿Llegamos a recuperarnos de ese exilio? ¿Hablaríamos de no ser así?».

130. Anne Dufourmantelle, *Puissance de la douceur*, Payot & Rivages, París, 2013, «Cuidar a un hijo», p. 25: «La suavidad es inherente a la posibilidad de la vida, al envoltorio uterino que filtra emociones, sonidos y pensamientos, al líquido amniótico, al contacto del interior de la piel, a los ojos cerrados que aún no ven, a la respiración protegida de las agresiones del aire. Sin la suavidad de ese contacto original, no estaríamos en el mundo. Sin duda se conserva latente en el interior de cada una de nuestras células, invitándonos a ese regreso imposible a ese mundo perdido que nos meció mucho antes de que lo hicieran los brazos maternos. El

ras prescinden envolviendo a sus bebés en telas tiene un papel esencial en el plano psíquico, constituye la base de la confianza en el adulto, alimenta la idea de que se puede apoyar en él. Los cuidados prestados hoy en día a los bebés muy prematuros son una prueba de cómo nos hemos concienciado de la necesidad de ese entorno cálido, protector y tranquilizador. No es de extrañar que ciertas prácticas, como la de la piel con piel, se inspiren en gestos tradicionales de madres indígenas sudamericanas, que llevan a su bebé pegado al torso para transmitirle el calor de su cuerpo y aumentar así sus posibilidades de supervivencia. ¿Por qué es tan difícil dar esos cuidados? ¿Por qué pueden llegar a fallar? Porque la vulnerabilidad del niño, como la del anciano, revela mi propia vulnerabilidad. Porque la fragilidad del otro me pone en aprietos, me atribuye una responsabilidad que en ese momento de mi vida puede parecerme demasiado pesada. Porque su existencia parece depender por completo de lo acertados que sean mis gestos, de mi atención. En ese sentido, esa vida frágil requiere mi presencia y mi dedicación, con un nivel de exigencia desmesurado. Y me enfrenta a la posibilidad de no ser capaz. Puede pillarme desprevenida. Hacerse cargo de un ser con debilidades siempre es un riesgo, algo que nos pone en peligro, pese a lo simple que pueda parecer. La fragilidad del otro me fragiliza a mí, me obliga, de una manera a veces brutal, a enfrentarme a mis propias dudas.[131] Ocuparse de otro presupone, en efecto, «que nos afecte el malestar, el dolor del otro, y que luchemos contra ese dolor llevándonoslo a otro sitio».[132]

---

mundo de la infancia lo prolonga». Véanse también los comentarios de Anne Dufourmantelle sobre los bebés muy prematuros, ibíd., p. 26.

131. Ibíd.: «La percepción de la vulnerabilidad del otro no puede considerarse el reconocimiento de la propia fragilidad».

132. Ibíd.

De este modo, el nacimiento no es tanto un suceso como un proceso, una separación progresiva, acompañada de los cuidados y las atenciones que convierten la vulnerabilidad en fuerza. En este sentido, es la creación y el desarrollo de un «espacio seguro», un espacio de seguridad interior tal como lo planteaba Winnicott. El proceso de traer al mundo es un acompañamiento continuo del niño en su capacidad para crear ese espacio íntimo psíquico, de crear en él —tal como ha hecho su madre para crearlo— un espacio interior. Podríamos sentir la tentación de ver en esa dilatación del ser el motivo de una respiración, de un crecimiento físico. El afecto y las atenciones de los padres tienen ese papel de crear en el niño la capacidad de estar solo y de crear por sí mismo. El amor da suficiente confianza como para abandonar el espacio materno y construirse un espacio interior.

Nacer, pues, no basta para separarse de la madre, para existir individualmente. La constitución de una subjetividad pasa por un acto creador, la creación de un espacio interior propio. Del mismo modo, para renacer tras una experiencia dolorosa es necesario dominar la soledad y afrontar el miedo arcaico al abandono.

Del mismo modo que el amor crea en el recién nacido las condiciones de un deseo de vivir, también puede renovar la decisión de vivir en el adulto sumido en la desesperanza, el sufrimiento psicológico, hasta el punto de renunciar a su propia vida. Hay que ayudarle a afrontar su «miedo descarnado a quedarse solo para siempre».[133] En ese sentido, dar a luz y afrontar un mal de amores no son tareas tan diferen-

133. Anne Dufourmantelle, *En cas d'amour*, Payot & Rivages, París, 2013, p. 58.

tes.[134] Se trata de ofrecer a los que han sufrido una nueva «piel» de afecto y de confianza, cuando sabemos perfectamente hasta qué punto es necesaria para construirse o reconstruirse. Puede ser precisamente el hecho de no haber dispuesto de esta primera protección lo que determina que haya quien muestra una mayor sensibilidad a la agresividad del mundo. Basta con oír a Charles Juliet hablando con emoción, a sus más de ochenta años, del trauma que le supuso la muerte de su madre poco tiempo después de su nacimiento. Una carencia de abrigo y afecto así deja al sujeto en carne viva.[135] No es tan sorprendente descubrir una experiencia similar en la infancia del propio Winnicott, que tanto ha insistido en la función del sostén, del *holding*, no sólo como soporte físico, para que el niño se sienta seguro, sino también sostén psicológico. Efectivamente, Winnicott, en su infancia, sufrió la actitud de una madre depresiva que le obligaba a una inversión de papeles desestabilizante y angustiosa.

Reflexionar sobre la estructura del nacimiento permite inferir las líneas de interpretación del renacimiento psicológico de un individuo que ha sufrido por una relación destructora o una experiencia violenta. A través de la reflexión entrevemos también el modo en que puede emerger de nuevo el individuo herido. La ruptura puede ser en ocasiones la condición necesaria de un renacimiento (romper con un padre o una madre depresivos, liberarse de una vida asfixiante, poner fin a una relación amorosa extinguida, recuperarse de un traumatismo, recuperar la funcionalidad del cuerpo tras

134. Ibíd., p. 59.

135. Cf. Charles Juliet, entrevistado en el programa *Le Temps des écrivains* de France Culture, el 10 de agosto de 2018: <https://www.franceculture.fr/emissions/le-temps-des-ecrivains/peut-etre-ne-peut-vraiment-imaginer-que-ce-que-lon-a-vecu-deja-soi-charles-juliet>.

una agresión o una enfermedad), pero no puede llevarse a cabo sin contar con un nuevo envoltorio protector que recubra la herida o el trauma con una piel de palabras, de gestos y de atención.[136] Sólo así podemos suturar la herida, eliminar el ardor de la quemadura y renacer.

136. Anne Dufourmantelle, *Puissance de la douceur*, op. cit., «Trauma y creación», p. 119: «Para enfrentarse o superar un trauma, hay que llegar al fondo de la herida. Hay que coser una nueva piel sobre la quemadura que nos ha producido. Crearnos un mínimo envoltorio protector sin el cual no será posible la recuperación, puesto que sin él el trauma se enquistará en la vida del individuo. Y la delicadeza es una de las condiciones de esa reconstrucción».

7

Romper con la familia

> Muere por completo una vez para todo lo que amas, para todo lo que te importa. Y luego levántate.[137]
>
> ANTOINE WAUTERS

En un texto áspero, *Pense aux pierres sous tes pas* («Piensa en las piedras bajo tus pasos»), sostenido por una escritura tensa, el novelista Antoine Wauters plantea los principios de un manual de supervivencia a la violencia familiar: «Reglas para sobrevivir a tu propia familia». En esa historia en la que los niños sufren una lluvia de golpes, el dolor explota de forma retardada. No surge con el maltrato cotidiano, convertido en única modalidad de relación con el padre, sino con su ausencia. A veces son la distancia y la comparación con otras vidas las que hacen que aparezca la realidad del sufrimiento soportado, como en una explosión repentina. Cuando la niña protagonista queda bajo la tutela de su tío, toma conciencia de la violencia sufrida.

137. Antoine Wauters, *Pense aux pierres sous tes pas*, op. cit., p. 70.

> Pero una vez, en casa de Zio, fue como si releyera la historia con una nueva mirada justa. Y me dieron ganas de gritar mi rabia. Sí, por primera vez descubrí que la vida podía ser bella, rica, asombrosa, dulce y dura a la vez. Y que, hasta aquel momento, había pasado la vida como encerrada en una campana de cristal.[138]

Cuando la vida se vuelve más agradable, el pasado más funesto parece de pronto intolerable y nos explota en la cara. Al contacto con la belleza, con la amabilidad, con la bondad, con el amor, nuestra vida revela su fealdad, su violencia. Lo que sospechábamos de forma arcaica, primitiva, lo que nos oprimía el vientre, se hace de pronto evidente: esa vida es invivible, no debe ser vivida.

Al descubrir cómo viven los otros, nos horrorizamos ante nuestra vida, nos avergonzamos. Nos avergonzamos de su dureza, de su fealdad, de su violencia, de su estupidez. Nos parece de pronto una prisión, una emboscada de la que hay que huir, antes de quedar atrapados. ¿Cómo sobrevivir? Liberándose del amor destructor, rompiendo el vínculo, dejando morir lo que somos para esas personas, lo que ellas eran para nosotros: «Muere por completo una vez para todo lo que amas, para todo lo que te importa. Y luego levántate».[139] Esos padres son absolutamente incapaces de amar sin destruir.[140] Cuando la violencia permea hasta tal punto los gestos del adulto, la única salvación posible es la huida. Paps, el padre, es la primera víctima de su violencia, que se inflige también a sí mismo.

138. Ibíd.

139. Ibíd., p. 91.

140. Cf. ibíd., p. 111: «¿Cómo es posible que las cosas más bellas nos pasen por delante de las narices sin que nos demos cuenta? ¿Cómo llega uno a ser el padre que querría ser?».

La trama de esta historia recuerda la de las grandes tragedias. Uno no se puede poner a salvo más que rompiendo con los padres maltratadores, víctimas y verdugos al mismo tiempo. Hay que matar al padre. Sólo pagando ese precio se podrá levantar cabeza. Las «Reglas para sobrevivir a la propia familia. Medidas contra la pena» son todo un método de la muerte. Convertir a los propios padres en extraños, en cadáveres, acallar todas las voces del afecto, dejar morir de hambre al amor que resiste. Volverse pura indiferencia:

> 1. PIENSA EN TU PADRE como en un extraño. Dite a ti mismo que será el último en venir en tu ayuda cuando esté a punto de reventarte el corazón.
>
> 2. PIENSA EN TU MADRE como en una muerta. Cúbrela con tierra. De noche, camina haciendo ruido con los pies para no oír su llamada entre llantos.
>
> 3. RECUERDA QUE EL VÍNCULO DE SANGRE NO SIGNIFICA NADA. [...]
>
> 4. EVITA LOS MOMENTOS DE ALEGRÍA con ellos. Más adelante volverán, alimentarán tu nostalgia y te pisotearán el corazón. [...]
>
> 5. APRENDE A ACALLAR SUS VOCES en tu corazón. Porque no son ellos los que te llaman, sino tú mismo, pobre desdichado que imitas su voz. Por sed. Por miedo. Por nostalgia.[141]

Estas líneas terribles, escritas desde la rabia y la desesperación producidas por la falta de amor paterno, son un manual de supervivencia.[142]

141. Ibíd., «Règles pour survivre à sa propre famille», p. 67.

142. Ibíd.: «¿Por qué no habéis estado ahí nunca? Ebria de rabia, cogí un trozo de papel y escribí estas palabras, de una sentada, porque mi vida dependía de ello. Mi pobre vida dependía de ello».

Se trata de salvarse, de huir, para despertar en otro lugar, de deshacerse de la mitología familiar y extraerse al salvajismo de algunos vínculos, para escapar de ser devorado. No queda más opción que el corte radical, la liberación necesaria para sobrevivir, se trate de liberarse de una lealtad tóxica, de un vínculo envenenado o, sencillamente, de reconocer la realidad de una diferencia demasiado grande como para poder llegar a un acuerdo o a una comprensión real. A veces nos separamos incluso para vivir cada uno a nuestro modo un acontecimiento que nos afecta muy profundamente. En *Le Jour où la Durance*, la novelista y filósofa Marion Muller-Colard sostiene que hay vínculos que hay que romper para que cada persona encuentre su propia respuesta al acontecimiento que le ha sacudido profundamente. «A pesar de los mitos sobre la maternidad en los que se basa nuestra vida familiar, llega el momento en que una madre y una hija tienen que cortar todos los hilos y en que cada una de ellas tiene que intentar salvar la piel.»[143]

La referencia a la piel no es algo inocente. Se trata de salvar la piel, pero también de reconocer las diferentes percepciones, las diferentes experiencias, la propia identidad. Es precisamente cuando se confunden los cuerpos, cuando no están claros los límites de cada individuo, cuando aparece la violencia, potencialmente inscrita en el seno de la misma relación materna. Y cuando la piel de la madre y del hijo quedan cubiertas por igual, este último es el que corre el riesgo de morir asfixiado. La solución es liberarse de la fidelidad absoluta a los padres, que resiste incluso a las mayores violencias.[144] Hay que deshacerse de un amor bárbaro. En

143. Marion Muller-Colard, *Le Jour où la Durance*, Gallimard (col. Sygne), París, 2018, p. 79.

144. Anne Dufourmantelle, *La Sauvagerie maternelle*, Rivages, París, 2016, p. 147: «La naturaleza humana tiene algo extraño, esa fidelidad

La Sauvagerie maternelle, Anne Dufourmantelle analiza sin tabúes esta paradoja de la atención materna destructora. La que me quiere me destruye, poco a poco. Su piel me envuelve hasta ahogarme: «La devoración melancólica es resultado del salvajismo aplicado con la máxima paciencia».[145] En ocasiones el vínculo familiar puede hacer de mí un «rehén», privándome de una vida psíquica propia.[146] Así las cosas, es necesario separarse para reencontrarse y liberarse de forma definitiva,[147] respuesta vital al dominio de una madre sobre su hija. En los casos estudiados por Anne Dufourmantelle, el salvajismo materno deja en el cuerpo de las hijas los estigmas de una presencia vampirizadora. El cuerpo demacrado dice mucho del «festín caníbal» al que se lanza la madre devoradora. A la hija sólo le queda «regurgitar, morir, nacer»: regurgitar a la madre que lleva dentro, que ha fagocitado a su propia hija. Expulsarla de su interior, «escoger nacer para reencontrar un cuerpo que será el [suyo]».[148] Como si hasta ese momento no hubiera vivido en su propio cuerpo, ni hubiera vivido su propia vida. La expulsión de la madre es un renacimiento psicológico, elaboración de un espacio íntimo hasta entonces inexistente. Para ello, hay que asumir el riesgo del corte, «un verdadero corte del que nace la sensación de vivir», la sensación de existir en primera persona, y no a través de la madre. Para acabar naciendo, simplemente, y ser ella misma. Pero eso supone afrontar la culpabilidad de dejar morir a la madre. La reapropiación de sí misma, de su

---

absoluta a los padres, a los que nos han criado, aun cuando nos hayan dado el amor bajo esa extraña y cruel forma que llamamos dolor».

145. Ibíd., pp. 132-133.

146. Cf. ibíd., p. 174: los hijos «despreocupados rehenes de esa mezcla de pieles».

147. Ibíd., p. 133: «Es una separación que hay que efectuar, una separación radical, movida por la desesperanza de la propia vida».

148. Ibíd., p. 134.

cuerpo, pasa por una escisión que amputa a la madre de un modo definitivo: «El salvajismo maternal se afronta desde la indiferenciación que une ambas pieles de forma inalterable. El corte es imposible sin condenar a la otra parte a la muerte».[149] Se trata, sin duda, más de un desgarro que de un corte. Sacrificar a la madre, romper el vínculo para conseguir una zona de existencia propia, construir o reconstruir un «espacio íntimo»: cuando el vínculo nos sofoca más de lo que nos alimenta, es necesario renunciar a él, cualquiera que sea el grado de violencia necesario para su destrucción. En los casos patológicos referidos, es una cuestión de supervivencia, de urgencia terapéutica, hay que poner fin a una lógica de sacrificio personal y de autodestrucción: «Cargan con todo el peso de su madre para mantenerla con vida [...] y viven en un estado de guerra permanente que hace que sean incapaces de concederse un espacio íntimo propio».[150]

Paradójicamente, a veces es la catástrofe la que ayuda a estos pacientes a dejar atrás su vida alienada. En el caso de Sarah, es un embarazo no deseado y luego un aborto lo que impulsa la decisión de romper con su madre. Ese embarazo interrumpido, regreso involuntario al cuerpo y evocación de lo íntimo, da pie a un verdadero renacimiento hasta el punto de «simboliza[r] el nacimiento de la propia Sarah».[151]

También puede pasar que ese corte se produzca solo, provocado por un suceso paroxístico, en el que la violencia física provoca una especie de reflejo de supervivencia. Es ese punto de ruptura, el punto de no retorno, el que describe tan claramente Lionel Duroy en su obra de inspiración autobio-

149. Ibíd., p. 117.
150. Ibíd., op. cit., «Vomitar, morir, nacer», p. 132.
151. Ibíd., p. 126.

gráfica titulada *Le Chagrin*. Las rupturas a veces son silenciosas e interiores. Pero no por ello menos radicales y definitivas.

Podemos denominar punto de ruptura el momento en que algo se rompe en nuestro interior. Algo se hunde. Una energía que mantenía viva la relación se apaga. Silenciosamente, pero con una sensación de evidencia tal que no queda espacio para la duda. Por supuesto, nos sentimos tentados de buscar justificaciones que nos den seguridad y camuflen esa verdad, pero, en el fondo, sabemos bien que el amor se apaga, en ese instante, con esa frase, con ese gesto o esa mirada o, peor aún, quizá con su ausencia, con la falta de una mínima consideración. El punto de ruptura es ese momento en el que renunciamos a mantener un vínculo, en el que lo deshacemos o lo cortamos. Es el momento en el que dejamos de creer en alguien, de esperar algo de él. Nuestra capacidad para confiar en él se ha agotado con la acumulación de decepciones, de mentiras, de violencia o de traiciones. O quizá haya desaparecido de golpe, ante nuestra mirada incrédula, como una pared de piedra arenosa. Es el momento de la pérdida, ese momento extraño en el que «perdemos» a alguien aún vivo. Es lo que siente William, el joven narrador de *Le Chagrin*:

> Es a la mañana siguiente, al encontrarme a mi madre en la cocina, cuando tiene lugar mi ruptura con ella. Ella está de espaldas, yo no sé qué está preparando para comer, pero como ya no me atrevo a dirigirle la palabra, espero a que se dé la vuelta [...] y que me diga algo, o simplemente que me mire, para poder reparar el hilo que nos unía. Pero ella no se gira, hace caso omiso, y, sin embargo, veo perfectamente que no tiene quemaduras, que mueve todos los miembros, y en ese momento empieza a instalarse en mi espíritu la idea de que todo era fingido. Que esa escena que me había roto el corazón, lite-

ralmente (a mí como a los más jóvenes, supongo), no había sido para ella más que una artimaña destinada, sin duda, a conseguir que Toto encontrara por fin su apartamento en el boulevard Suchet.[152]

Para William, esa nueva crisis impuesta por la madre a sus hijos, coincidiendo con un incendio doméstico que ella hace ver que le ha hecho enloquecer, es la gota que colma el vaso. Y entonces se produce una muerte íntima. Esa madre que lo destruye psicológicamente, como lo haría una quemadura profunda, deja de existir para él de forma radical. Para protegerse de los dolores que podía seguir infligiéndole, amputa esa relación que le supone una gangrena en el ámbito moral. Para huir del contagio del egoísmo mortífero y de la violencia psicológica, dejamos «morir» al otro en nosotros mismos. Hay que apagar el incendio íntimo que nos consume por dentro.

En esa escena no es la palabra la que provoca la ruptura, sino su ausencia. El silencio es ejecutor, es la negación del hijo, ratifica la violencia materna. La crueldad de lo que no se dice, de lo que no se hace. Las palabras y los gestos que no llegan, esos vacíos insoportables acaban con la relación. Las frases que no pronunciamos pueden llegar a destruir más que las ofensas.

Ninguna palabra maternal, ni siquiera una mirada, ni una mínima atención. Estas ausencias marcan el fin del apego, la extinción de todo amor posible. La brutalidad de esa carencia, en ese momento, tras el paroxismo de la crisis nerviosa, provoca una separación radical. El joven ya no siente afecto por su madre. Como si se hubiera consumido en un momento, en el secreto de su pecho, al contemplar aquella escena que se convierte en punto de ruptura. Su ma-

152. Lionel Duroy, *Le Chagrin*, J'ai lu, París, 2011, pp. 185-186.

dre de pronto está como muerta, es el fantasma de la madre que no ha sabido ser para él, deja de existir, convertida en figura vaga, vacía de expectativas y del amor filial que le daban sentido como madre.

> Cuando nuestra madre muera, muchos años más tarde —prosigue el narrador—, cuando me asombre de no sentir dolor (o de que sea tan poco), me daré la explicación de que ella ya estaba muerta para mí, y que su desaparición se remontaba, sin duda, a aquella famosa crisis nerviosa, cuando yo tenía diez años, en que la lloré como si no fuera a verla nunca más.[153]

Para ser más precisos, se convierte en todo lo contrario que un fantasma; un ser presente físicamente, pero que se ha vuelto indiferente para él, que ha dejado de suscitar ningún sentimiento en él. Se ha vuelto del todo extraña. Como él no puede seguir pagando el precio exorbitante del amor por esa madre egoísta, ella deja de ser el objeto de una inversión afectiva. No se trata tanto de un acto deliberado, sino más bien de un arrebato, de un reflejo psicológico de supervivencia. Deja de ser la madre que él tanto quería.

Pero también es posible que esa ruptura, que ese desamor violento, se manifieste sin necesidad de maltrato alguno. Tal como afirma Catherine Malabou en un pasaje sorprendente de su *Ontología del accidente*, del mismo modo que dejamos de sentir afecto por un compañero o una amante, es posible que el amor familiar desaparezca. Que el otro deje de ser para nosotros un objeto de amor, que muera como tal:

153. Ibíd., p. 186.

> Es posible, algo que acaba por llegar un buen día, que dejemos de amar a nuestros padres, a nuestros familiares. «Ahora ya no los quiero. Ya no sé si los he querido. Los he dejado.»
>
> Un amor así tampoco llega «con» el tiempo. No dejamos de amar a nuestros seres más cercanos progresivamente. Quizá no dejemos de querer «progresivamente» nunca a nadie. Casi me inclino a pensar que el fin del amor siempre es brutal.[154]

Hay que señalar la profunda angustia que generan estas líneas. Pero también hay que plantearse la posibilidad de que en el amor, cualquiera que sea su naturaleza, pueda producirse una brusca desaparición de los sentimientos. Que haya algo de irremediable. Un momento de ruptura sin posible vuelta atrás.

154. Catherine Malabou, *Ontología del accidente*, op. cit.

8

Desapariciones

¿Cuántos seres nos dejan o se dejan a sí mismos antes de desaparecer?[155]

Catherine Malabou

«El otro está perdido, se aleja inexorablemente. Lo sabemos, pero al principio nos esforzamos en compensar sus carencias y en recomponer, recurriendo a nuestras propias fuerzas, los vínculos que se deshacen [...]. Los errores del otro se vuelven insoportables. De modo que al final no queda más que una solución: romper la relación que se ha vuelto imposible.»[156] ¿Es esto la descripción desesperada del fin de un amor, el anuncio de una ruptura amorosa? Sí y no. En este fragmento, el filósofo Michel Malherbe evoca la «debacle de una existencia»[157] y el fin de su relación con su mujer Annie. La enfermedad de Alzheimer la ha vuelto tan ajena a sí misma que la ruptura parece la única salida.

155. Ibíd., p. 50.

156. Michel Malherbe, *Alzheimer. La vie, la mort, la reconnaissance*, Vrin, París, 2015, pp. 37-38.

157. Ibíd., p. 37.

Es una manera muy particular de perder a una persona querida, cuando la enfermedad nos la arranca de las manos sin llevársela, dejándola viva pero irreconocible, incapaz de desempeñar su papel, abandonando —involuntariamente y a veces sin siquiera tener conciencia— la relación afectiva que tenía con nosotros. Entonces nos toca a nosotros reavivar ese vínculo que se apaga a medida que la otra persona va desdibujándose y ausentándose de la relación. La enfermedad hace que el vínculo se vuelva fino y lo quiebra cuando afecta a las capacidades psíquicas y mentales, cuando paraliza, cuando congela las expresiones, cuando vacía la memoria, cuando impide la palabra y los intercambios, cuando la patología impide manifestar sentimientos, dialogar, cuando apaga incluso las quejas y las reduce a lágrimas, a sollozos ahogados. ¿Cómo soportar la pérdida de quien sigue ahí, y ver cómo se aleja a medida que avanza la enfermedad, a medida que pierde fuerzas y le abandona la personalidad? Asistimos, impotentes, al sufrimiento que le provoca saberse disminuido, un sufrimiento mucho mayor que el nuestro. Pero con ciertas enfermedades psiquiátricas o neurológicas, con ciertas adicciones, nosotros también sufrimos la indiferencia que el enfermo parece manifestar frente a esa relación perdida. El enfermo nos abandona porque él mismo, en cierta medida, se ha abandonado ya, como explica Catherine Malabou. Sin ser consciente de ello, ha renunciado a la persona que era, se ha convertido en otra persona, transformado definitivamente por la enfermedad. Y las personas cercanas se enfrentan a la carga aplastante que supone tener que recomponer a cada momento un vínculo que se deshilacha, cargar con todo el peso de una relación que ya sólo depende de ellos, puesto que el enfermo está sumido en la inconsciencia total de su estado. Una relación negada una y otra vez por la pobreza de sus interacciones, por la desaparición de los gestos de complicidad o de familiaridad, por la pérdida de la proximidad intelectual y física. El cónyuge, el padre, la madre o el hijo se convierten en los garantes de una persona querida que ven desaparecer progresivamente, alterada, reducida o desfigurada por los ataques de la enfermedad.

¿Qué es lo que hace que perdamos a alguien antes de que muera? Lo perdemos porque la relación se ha quebrado, porque ya no lo reconocemos. En su forma de ser, de pensar, de relacionarse con nosotros se observa un cambio tal que nos parece radicalmente diferente a la persona querida. En su novela *On n'est pas là pour disparaître*, que se desarrolla en torno a la enfermedad de Alzheimer, Olivia Rosenthal resume esa desaparición en pocas palabras: «Te alejas. No eres como antes. Te conviertes en otra persona. Tienes la enfermedad de A.».[158]

El familiar cercano que visita regularmente al paciente constata una «hemorragia de la presencia», tal como lo describe Michel Malherbe. Cada nuevo encuentro, si es que se puede hablar de encuentro con alguien que está cada vez más distante, no hace más que constatar la pérdida del amor que se diluye, el desmoronamiento progresivo de la relación, reducida a frases fugaces. Ante esa muerte lenta, deseamos la desaparición de la enfermedad, como explica la narradora de la novela de Olivia Rosenthal:

> *No me obligues a abandonarte*
> *por favor*
> *desaparece*
> *ahora*
> *enseguida*
> *inmediatamente.*[159]

158. Olivia Rosenthal, *On n'est pas là pour disparaître*, op. cit., p. 70.
159. Ibíd., p. 77.

Michel Malherbe describe la extrema violencia de esa pérdida del ser querido, repetida a diario —«alguien que desaparece en vida»—[160] y, muy acertadamente, pone el concepto de reconocimiento en el centro de su análisis. Habla de una «hemorragia del reconocimiento»: llega un momento en que ya no reconocemos a la otra persona, que tampoco nos reconoce a nosotros. Ya no nos queda más que el recuerdo de la persona, al que nos agarramos a duras penas para seguir viendo en ella al ser amado. A veces hay pequeños momentos que nos recuerdan a esa persona que va desapareciendo. La identidad, cada vez más debilitada, emite tenues destellos irregulares. Si ya no queda capacidad de reconocimiento, salvo en el esfuerzo artificial que realizamos para identificar mínimas señales de su presencia, ¿podemos seguir hablando de subjetividad? «¿En qué me baso para decir que esa mujer enferma sigue siendo mi esposa?», se pregunta Michel Malherbe. ¿Siguen compartiendo una historia? ¿Siguen formando parte de una relación común? No, responde Malherbe. «¿Cómo podemos mantener un relato sin protagonistas?»[161]

Para hablar de esa pérdida de la otra persona, pese a estar aún viva, Malherbe recurre al concepto de la fosilización. La enfermedad de Alzheimer «incrusta a alguien en la materia del mundo, como un fósil que se petrifica en un lecho sedimentario».[162] El paciente sigue ahí, pero «deja de existir».[163] La conciencia ya no es intencionalidad, «perdura, pero deja de ser acción, adopta una consistencia opaca capaz de resistir mucho tiempo».[164] El rostro, una vez más,

160. Michel Malherbe, op. cit., p. 10.
161. Ibíd., p. 10.
162. Ibíd., p. 11.
163. Ibíd., p. 225.
164. Ibíd., p. 226.

transmite esa fragmentación interna, esa imposibilidad de seguir siendo un ser unido y vivo: «El habla se ve afectada inexorablemente, se vuelve silencio; su mirada, aunque fiel y sonriente, se congela, toda su apariencia se vuelve rígida. Y aun así conserva su gesto amable. Pero ya no es más que una imagen fosilizada».[165] La idea que nos viene a la mente es la de una estatua de cera, de sonrisa inexpresiva. Podríamos recordar el sorprendente análisis que hace Spinoza en *Ética* de un cuerpo vivo pero muerto. Partiendo de la historia de un poeta español amnésico, Spinoza defiende la idea de que un cuerpo, pese a estar vivo desde el punto de vista biológico, puede ser considerado muerto:

> Pues no me atrevo a negar que el cuerpo humano, cuando la circulación de la sangre continúa, así como las otras funciones en virtud de las cuales se estima que el cuerpo vive, pueda no obstante cambiar su naturaleza en otra enteramente diferente. En efecto, nada veo que me fuerce a admitir que el cuerpo no muere, sino en el caso en que se torna cadáver; en verdad, la propia experiencia paréceme sugerir otra cosa. Pues a veces un hombre sufre tales cambios, que dudaría mucho en decir que es el mismo.[166]

Su cuerpo está muerto en tanto en cuanto ha dejado de expresar la singularidad de ese sujeto. Es la misma constatación que hace Michel Malherbe con respecto a su esposa enferma. En el cuerpo de Annie ya no se observan las señales de su personalidad. Su belleza, tan identificable e identificadora, la ha abandonado. Su cuerpo ya no es más que un

165. Ibíd.

166. Spinoza, *Obras completas: Ética y tratados menores*, Clásicos Bergua, Madrid, 1971, p. 303. Citado también por Catherine Malabou en *Ontología del accidente* (op. cit.).

conjunto de síntomas. Ya no expresa la subjetividad de su esposa, sino solamente la enfermedad que la ha invadido y que la altera.

> Los rasgos de expresión expresan más la enfermedad que a la persona, muestran una tipología clínica, más que una identidad singular. Es como si, estando frente a Annie, no pudiera observar ya lo que había observado desde el primer instante, su encanto personal, esa excelencia que hacía que para mí fuera única.[167]

¿Hay alguien ahí? ¿Sigue siendo una persona? ¿Sigue siendo su mujer? El enfermo está a la vez excesivamente presente, con una presencia a veces insoportable, de la que resulta imposible abstraerse, y ausente, ausente para la relación y para sí mismo.

> Es ella y no es ella. Es como un texto del que te dices que, siendo un texto, debe de tener sentido, pero es tan oscuro que uno acaba preguntándose si es realmente un texto. Está presente, sí, pero con una presencia a la que no le encuentras sentido. Presencia y ausencia. Una presencia en ausencia que quizá no sea más que una ausencia en presencia. ¿Cómo decidir si es una cosa o la otra?[168]

El otro esta ahí, pero es inalcanzable, está lejos. ¿Sigue siendo la misma persona? ¿Cómo se soporta la tortura afectiva que supone asistir al desmoronamiento del ser amado? Hay que pensar en una ruptura mental, una disociación. Es lo que propone Olivia Rosenthal en *On n'est pas là pour disparaître*, obra en la que estudia las reacciones de cada uno

167. Michel Malherbe, op. cit., p. 225.
168. Ibíd., p. 15.

ante las personas que pierden la memoria, y su vínculo con la realidad y con los demás. Ante la «enfermedad de A.», tal como se refiere ella a la enfermedad de Alzheimer, hay que efectuar una separación. Entre la persona que existía antes de la enfermedad y la que ha nacido de esa enfermedad. «Hay que hacer un esfuerzo por olvidar. Por separar. Separar lo que es de lo que fue. Separar al hombre que hemos amado del que venimos a visitar, sin retirarle por ello el amor. Conservar el amor, pero separar. Tarea imposible. Conservar el amor. Separar.»[169]

Hay que separar, pues, diferenciar a personas que, no obstante, son las mismas que antes. Conservar el recuerdo feliz de la persona amada y seguir amándola, pero al mismo tiempo conseguir diferenciarla de la que tenemos delante, negando ese mismo amor, ultrajándolo, sin inmutarse por el sacrilegio perpetrado ante nuestros propios ojos.

Hay que romper, porque la enfermedad destruye la relación y puede llegar a contaminar los recuerdos felices con imágenes sórdidas, lanzar una sospecha retrospectiva sobre la propia naturaleza de la relación vivida. El enfermo no sólo pierde la memoria de quién ha sido; olvida también que no puede volver a serlo en ningún caso. Con una narración sutil, que avanza capa por capa, como desnudando las diferentes cubiertas de la consciencia, la autora nos muestra otro aspecto de la enfermedad mental y su poder de destrucción de los vínculos afectivos: «Tú nunca te habrías imaginado —dice en un momento dado la narradora— que tu padre pueda llegar a confundirte con tu madre [...]. Nunca habrías podido imaginar que tu padre pudiera llegar a desearte».[170]

169. Olivia Rosenthal, *On n'est pas là pour disparaître*, op. cit., p. 152.

170. Ibíd., pp. 35 y 58.

Sin llegar a esos momentos especialmente desestabilizadores para los seres más próximos, se ve perfectamente que la enfermedad que despoja al sujeto de su identidad, «rota y fragmentada»,[171] acaba por destruir también la viabilidad de la relación y la posibilidad de mantener la presencia junto al ser antes amado. Aquí encontramos otra vez, sin duda, algo parecido a un punto de ruptura, un punto de inflexión en el que la relación deja de ser posible, cuando el otro está tan ausente que ya no hay nada que mantenga el sentimiento de reconocimiento, salvo quizá un vago parecido físico, como el que puede tener una estatua de mármol con un cuerpo de carne y hueso. Cuando el otro se apaga, yo me agoto de esperarlo, dice Barthes, y me invade una sensación de locura: «El *fading* del otro, cuando se produce, me angustia porque parece algo sin justificación y sin plazo. Como un triste espejismo, el otro se aleja, se pierde en el infinito, y yo me agoto de esperar. [...] El ser amado, de este modo, va desvaneciéndose lentamente, va perdiendo fuerza: sensación de locura, más pura que si fuera una locura violenta».[172]

No resulta tan sorprendente que nos encontremos de nuevo con el *fading* de Barthes. Él mismo usa ese término para describir los momentos de ausencia de la abuela del narrador de *En busca del tiempo perdido* de Proust: «*Fading* desgarrador: poco antes de morir, la abuela del Narrador, por momentos, deja de ver, deja de oír; ya no reconoce a su nieto, no lo mira "sorprendida, con desconfianza, escandalizada"».[173] Aquí vemos la pertinencia de ese concepto de *fading* que expresa el desangrado del amor, la decoloración

171. Cf. Michel Malherbe, op. cit., p. 225: «Su identidad personal, rota y fragmentada en retazos temporales sucesivos, separados por largas lagunas de ausencia, se ha convertido en un enigma insoluble».

172. Olivia Rosenthal, op. cit.

173. Roland Barthes, *Fragmentos de un discurso amoroso*, op. cit.

de la relación, su disipación progresiva. Permite pensar en el distanciamiento afectivo, en la degradación de la relación y la desaparición lenta del que se ausenta, y que al mismo tiempo se ausenta de sí mismo, como en el caso de la vejez, de la enfermedad, de la discapacidad o de la adicción. El ser amado no es más que la sombra de lo que ha sido para nosotros: «Parece moverse a lo lejos, entre la niebla, no muerto del todo, sino vivo pero borroso, en la región de las Sombras [...], yo lo llamo [...], pero lo único que viene es una sombra».[174]

Lo que la enfermedad de Alzheimer nos señala de un modo intenso, en la desmesura de la experiencia traumatizante que constituye para los seres cercanos de los enfermos, no parece quedar tan lejos de lo que pasa de un modo más discreto con el proceso de envejecimiento. Según Catherine Malabou, se produciría una misma ruptura íntima que aleja a la persona anciana de sí misma y de los demás. «La vejez es, fundamentalmente, una ruptura; rompe el ser por un punto ilocalizable, le hace cambiar de ruta, le lleva a convertirse en otro, a cambiar.»[175]

Nuestro familiar anciano dejaría de parecerse a sí mismo, y esa transformación sería la razón de que se extinguiera el amor familiar. Así, nos desprenderíamos de nuestros seres queridos antes incluso de su desaparición. «Yo no negaría la posibilidad de que el final del amor sea siempre brutal. Pero en el caso de los familiares, desde luego se produce de golpe, como una muerte. Nos separamos de ellos antes de la muerte; la muerte real no hace más que confirmar la muerte en el alma. Y no resulta menos dolorosa. Deja un vacío y un frío, es aterrador despedirse antes del final, decir adiós definitivamente cuando aún no hay nada definiti-

174. Ibíd.
175. Catherine Malabou, op. cit.

vo.»[176] Con esa lectura radical —que deberíamos encontrar espacio para discutir más adelante— aparece en todo momento un elemento esencial: la muerte de la otra persona es una «muerte en el alma». La otra persona muere primero en nuestra cabeza, porque se ha vuelto demasiado diferente a sí misma, hacemos una raya sobre nuestra relación con ella, sobre la relación tal como la conocíamos, que cambia de modalidad o acaba, sin más.

Estas experiencias de pérdida dejan una huella profunda. La dura experiencia que supone esta violencia física nos queda grabada de forma permanente y quizá vuelva a hacerse presente en el transcurso de una nueva vida.

176. Ibíd.

9

Sexualidad de la ruptura

Tras la tormenta, estallará la locura de vivir; después uno querrá comerse el sol y las estrellas.[177]

PATRICK AUTRÉAUX

¿Hasta qué punto nos marca la ruptura existencial? Más profundamente de lo que nos imaginábamos, hasta el centro del deseo, hasta nuestro impulso hacia la otra persona, hasta nuestras relaciones carnales y sexuales. Tras una ruptura biográfica —un duelo, una enfermedad grave, una ruptura amorosa devastadora—, esperamos con impaciencia el regreso a la vida «normal». Nuestros seres cercanos esperan ver señales de una «mejoría». Pero no volvemos a la vida de antes. Tal como nos enseña el filósofo y médico Georges Canguilhem en su análisis sobre lo normal y lo patológico, tras la enfermedad no hay *restitutio ad integrum*, un retorno al estado anterior.[178] Lo que

177. Patrick Autréaux, *Dans la vallée des larmes*, Gallimard, París, 2009, p. 37.

178. Cf. Georges Canguilhem, *Le Normal et le pathologique*, PUF, París, 2013. Véase también capítulo IV, p. 128: «La curación, a pesar de

ocurre con la enfermedad sucede sin duda en otros tipos de ruptura. Hay secuelas, rastros, estigmas, queda la huella, la marca del desgarro, de la pérdida. Se ha roto algo, que hace imposibles las mismas proyecciones, el mismo entusiasmo, la misma confianza. La ruptura es también ruptura vital, que se inscribe en nosotros de forma orgánica. Afecta profundamente al impulso psíquico y físico, afecta a nuestro deseo, lo oscurece. A menudo pensamos que después del mal trago, el sujeto se ve impulsado por un deseo de vivir, por una energía reencontrada. Que después de haber visto la muerte de cerca, se verá dominado por una energía vital nueva y potente. En su novela *Dans la vallée des larmes*, Patrick Autréaux refleja esas expectativas de la sociedad: sería necesario que el antes enfermo se sumara de nuevo a la vida, sin poner distancias, como si la enfermedad no hubiera sido más que un paréntesis.

> Los otros, sobre todo si nunca han estado enfermos y no pueden hacer más que suposiciones, afirman que tras la tormenta estallará la locura de vivir, que querré comerme el sol y las estrellas. Me decían con toda inocencia: es maravilloso, estás en una forma espléndida, estás curado.[179]

Esperamos que el individuo florezca de nuevo como una rosa en primavera. Y hasta el propio enfermo lo puede creer, durante un tiempo. Inocentemente, espera recuperar su cuerpo y su vida de antes. «Cuando [las terapias contra el cáncer] tienen éxito, creemos que podemos volver a empezar de cero. Nos decimos que ha sido una iniciación, y que

---

los déficits, va siempre acompañada de pérdidas esenciales para el organismo y al mismo tiempo de la reaparición de un orden. A eso responde una nueva norma individual».

179. Patrick Autréaux, op. cit.

en nuestra nueva vida vamos a recuperar todas las posibilidades de antes.»[180]

Pero no se trata de jugar una nueva partida. El individuo ya no es el mismo, y la curación o la remisión es otro ritmo de vida, como bien dice Canguilhem. La enfermedad, como el duelo u otras formas de trauma psíquico, imprimen en nosotros una profunda inquietud, la imposibilidad de una relación serena y confiada con la vida, una tensión y un nerviosismo particulares. No empezamos de cero, llevamos la marca de una cierta gravedad, que nos ha dejado esa vivencia dolorosa. La vuelta a la vida normal no es automática. «¿Cómo puedo empezar algo nuevo con todo lo de ayer dentro de mí?»,[181] se interroga Leonard Cohen en *Beautiful Losers*. En su novela *Le nouvel amour*, Philippe Forest nos muestra lo difícil que es recuperar la rutina de una vida banal, darse permiso para enamorarse, unirse a otra mujer, recuperar el afecto al hijo después de haber perdido a la hija y separarse de su compañera. También evoca la presión social que le empuja a jugar al juego de la adhesión y de la confianza, que le anima a reinsertarse en esquemas que le infundan confianza; habrá que pasar página, tener otro hijo y, sin pensárselo mucho, entonar las estrofas siguientes de una existencia sin drama, como si se saliera ileso de una catástrofe.

Pero la catástrofe ha dejado su huella en lo más profundo de nuestro ser, en nuestro pulso primitivo, en la fuerza arcaica del deseo sexual. La violencia de la experiencia traumática transforma nuestro deseo y modifica nuestra sexualidad, que se vuelve más intensa, más «turbulenta».[182] El deseo sexual, incrementado, insaciable, arrastra al individuo en su desme-

180. Ibíd., p. 35.

181. Leonard Cohen, *Hermosos perdedores*, Lumen, Barcelona, 2018.

182. Patrick Autréaux, op. cit., p. 36.

sura: «Tenía hambre de numerosos cuerpos y de exotismo. El deseo ya no tenía ni reglas ni tipos. [...] Fascinado por la diversidad de mi deseo, de sus respuestas y de sus noches inesperadas, me sentía como una prostituta sagrada».[183]

No suele hablarse de este tema de la sexualidad tras la catástrofe. Al anciano enfermo, al padre en proceso de duelo, uno no le habla de estos temas tabú. Sin embargo, el deseo desbocado es uno de los síntomas más intensos de una modificación íntima profunda. Tal como analiza Philippe Forest, no se trata del deseo de vivir, de una avidez por vivir, sino de la expresión del vacío que ha quedado grabado en nuestro ser.

> Nadie ha hablado nunca de la extraña efervescencia amorosa que manifiestan los que sobreviven al dolor, esa efervescencia a la que a veces se abandonan y que no tiene nada que ver con recuperar el gusto por la vida, con el deseo de retomarla, de dejar atrás la desolación provocada por el hecho de haber visto el abismo inmenso donde todo acaba. No, lo insólito es que la noción de vacío se insinúa precisamente allá donde la energía reencontrada de los cuerpos entregados amorosamente el uno al otro debería poner entre paréntesis todo lo demás [...]. La fuerza activa de la desesperación, procedente de algún lugar de nuestro interior, produce algo que nos resulta irreconocible: una violencia dirigida al mundo del que nos convertimos en imagen o en objeto, una violencia de la que, de forma escandalosa, gozamos.[184]

El abandono a esa sexualidad es la expresión paradójica de esa destructividad grabada en nosotros. Esa sexualidad

183. Ibíd., pp. 38-39.
184. Philippe Forest, *Le nouvel amour*, op. cit., pp. 31-32.

devoradora es como la recuperación del vacío y la aceptación de su presencia, ahora que ocupa un lugar central en nuestras vidas. Hay algo de la violencia sufrida que se ha abierto paso en nuestro interior, y nos queda dentro el rastro de la quemadura, de la dentellada del vacío.

Con ese deseo liberado, el individuo que ha sufrido libera parte de esa tensión destructora que lleva dentro. Sin quererlo se convierte él mismo en principio de violencia, la hace suya. La libido desbocada dice algo de la violencia que nos ha afligido y destruido en parte, que casi nos ha anulado. Dice algo de ese vacío que se ha instalado en nuestro interior. Es la expresión en el cuerpo y en la relación con otros de la experiencia de la pérdida, tan difícil de comunicar. Esa «efervescencia amorosa», que explota la proximidad simbólica de la sexualidad y de la ejecución, es en realidad un modo de alcanzar una doble ejecución dramática, la de uno mismo y la del otro. Ejecución de quienes éramos, con nuestra candidez, nuestra confianza en la vida, y duelo por una pérdida inconsciente en la relación con los otros y con el mundo, como expresa Patrick Autréaux: «Aun así, había algo que no me cuadraba, y su ausencia me pesaba: esa emergencia de la libido, esa urgencia por gozar, eran más bien señales de un duelo sin difunto».[185]

La sexualidad es, pues, memoria de la demolición, y el deseo, el lugar en el que se aloja la violencia residual. No es tanto la expresión de un amor, de un impulso hacia otra persona, como el momento en que se recrea la pérdida, indefinidamente, con la vana esperanza de aplacar la violencia. Es como la travesía de la noche.

185. Patrick Autréaux, op. cit., p. 40.

10

La travesía de la noche

La noche es el lugar de las angustias y de los recuerdos que nos torturan. A veces nos quedamos atrapados en ella, impotentes ante nuestras obsesiones vivas, incapaces de sumergirnos en la inconsciencia. Nuestros insomnios se componen de recuerdos demasiado presentes. En su *Segunda consideración intempestiva,* Nietzsche hace un elogio de la capacidad de olvidar del hombre. El hombre puede recuperar el pasado y grabarlo en la historia. Según el filósofo, sólo «en los límites de un horizonte determinado» podemos disfrutar de la salud y de la energía creadora propia de los seres vivos. Tenemos que poner límites a la influencia del pasado en el presente, impedir que se apropie del momento vivido, para no caer en la repetición vana, la «ruminación» y el insomnio, que «daña al ser vivo y acaba por anularlo».[186] Esta incapacidad de dormir nos va matando lentamente. El insomnio es el desistimiento imposible, el rechazo al sueño como abandono. Pasar la noche, aceptar desaparecer en el olvido del día pasado y la ausencia de uno mismo, el espacio que necesita una conciencia viva para poder afrontar el día siguiente. Pero la conciencia sin sueño

186. Nietzsche, *Segunda consideración intempestiva,* op. cit.

dilata indefinidamente el pasado que se niega a borrar. El insomne distiende la presencia, rechaza cortar con el pasado, se agota en ese esfuerzo inútil sin darse cuenta siquiera. Hay que aceptar la sucesión de días y noches, nos dice Nietzsche, distinguir la claridad de la oscuridad, separar lo que tenemos al alcance de la mano de lo que queda fuera de nuestro campo visual. Hay cosas que deben quedar definitivamente fuera del campo visual. Las que no podemos ver ya, en todos los sentidos. Nietzsche nos anima a «trazar a nuestro alrededor un horizonte determinado».[187] Separar, circunscribir, determinar un círculo del presente, una línea de demarcación. Pero ¿podemos poner distancia tan fácilmente, delimitar lo que nos define?

No todos tenemos la misma facilidad para olvidar el pasado, lo que significa en realidad transformarlo. No todos somos capaces de «apropiarnos de las parcelas del pasado», de digerirlo y alimentarnos de él, de «asimilarlo para transmutarlo de algún modo en sangre».[188] Todos los hombres, los pueblos, las civilizaciones, no tienen la misma «fuerza plástica».

> Me refiero a aquella fuerza de crecer de sí mismo y de manera propia, de transformar lo pasado y lo desconocido, y de incorporarlo, de sanar las heridas, recuperar lo perdido y recomponer desde sí mismo las formas quebrantadas. Hay hombres que carecen hasta tal punto de esta fuerza que se desangran irremediablemente a causa de un pequeño rasguño, de una sola experiencia, de un solo dolor y, a menudo, de una sola e ínfima justicia. Por otro lado, existen seres humanos a quienes ni los acontecimientos más salvajes y aterradores de la vida [...] pueden inmutar, de suerte que [...] poco tiempo después

187. Ibíd.
188. Ibíd.

logran alcanzar un ameno bienestar y hasta una especie de conciencia tranquila.[189]

Había que preguntarse por ese círculo que cada uno tendría que dibujarse alrededor y por nuestra relación con el pasado, que nunca es puramente intelectual o abstracta. Siempre hay una relación con cosas que nos afectan, y ése es el motivo por el que nos cuesta tanto olvidar. No me cuesta olvidar los episodios de la historia que no he vivido, que no me han marcado. En cambio, me cuesta distanciarme de los efectos de una guerra que ha afectado a mis seres queridos, de olvidar a un hombre al que he amado profundamente, de irme de un lugar donde tengo recuerdos preciosos. Precisamente porque el olvido es desgarro es por lo que a veces es tan difícil, porque confirma la pérdida definitiva de un ser o de un modo de ser cuya ausencia no me veo capaz de soportar sin venirme abajo. En ese sentido, no existen «pequeños rasguños»; todo depende de cómo resuena una disonancia en nuestra historia. Un pequeño rasguño, sobre una piel quemada, resulta insoportable. Ciertos elementos del pasado son difíciles de digerir. Como estamos implicados en la temporalidad, atrapados en los pliegues del tiempo y en las relaciones entretejidas en ellos, nuestra existencia no es una sucesión de secuencias que podamos disociar unas de otras, como un actor pasa de una escena a la siguiente. Es porque nos sentimos ligados a nuestro pasado, porque creemos que nos ayuda a seguir adelante, por lo que nos cuesta tanto romper. Así que no hay que ser capaz de olvidarlo verdaderamente, sino de transformarlo, de «configurar de nuevo las formas quebradas», dice Nietzsche, hacer que surja sola. La ruptura es creadora si se apodera de lo que rompe. Quizá esa misma «fuerza plástica», esa capaci-

189. Ibíd.

dad de crear una nueva forma de vida, sea lo que nos salva, recurriendo a la capacidad del sujeto para reinventar su propia existencia o su identidad, rompiendo con los elementos mortíferos del pasado.

11

Contratos rotos

Sé lo que significa tambalearse.[190]

Marion Muller-Colard

Todas las vidas que se han visto puestas a prueba por una ruptura existencial que las ha conmocionado, las ha hecho tambalearse, conservan una huella profunda, que yo he definido muchas veces en este contexto como una quemadura o una llaga. Lo que comparten estas vidas es la experiencia de una pérdida quc afecta al modo en que se define el sujeto, al duelo por una cierta idea de sí mismo, de una cierta identidad. Tras la ruptura, no puedo ya verme como antes. La propia estructura de mis representaciones, de mis concepciones morales y, en un plano más general, de mis creencias o de mi fe, se ve modificada. La ruptura borra de un plumazo esas creencias tan arraigadas que rechazan de un modo espontáneo la idea de infelicidad. Tal como decía la filósofa Marion Muller-Colard, cada uno cubre sus angustias con una pátina de credulidad: nos creemos protegidos, resguardados por un

190. Marion Muller-Colard, *L'Autre Dieu. La Plainte, la Menace et la Grâce*, Labor et Fides, Ginebra, 2014, p. 102.

«cercado» imaginario.[191] Pensamos que existe algo así como un contrato, una justicia aplicable a la vida de los hombres. Cada uno, con su propia mitología, define el «motivo de su vida y la definición de las bases del contrato que la hace aceptable».[192] Pero sufrir una enfermedad, una discapacidad, la muerte de un ser querido, rompe los contratos y nos da la impresión de una terrible injusticia. No hay cercado, nadie que nos proteja. Esas creencias se vienen abajo al chocar con la realidad. El drama, el accidente, son también rupturas de contratos implícitos que hemos firmado en secreto con una divinidad, con el destino, con la fortuna o con los dioses de la racionalidad estadística, diciéndonos que no sería justo (morir el día después de jubilarnos después de haber trabajado tan duro) o que es altamente improbable (que nuestro hijo se contagie de un segundo tipo de infección justo después de superar la primera). Cuando se insinúa la posibilidad de la infelicidad, cualquiera, desde el hombre de fe al médico, puede caer presa de esas ilusiones reconfortantes y a la vez cegadoras. Marion Muller-Colard, que fue asistente religiosa en un hospital, vio cómo esas creencias religiosas quedaban barridas por el drama: «He visto cómo esa capa de creencias se elevaba como el polvo, para hundirse por las grietas de unas vidas fisuradas por lo imprevisto [...]. He visto muchos contratos rotos por la enfermedad».[193] La experiencia de esas vidas «accidentadas» es la de una «pobreza espantosa», desposeída del imaginario irracional que nos protegía de la idea de la muerte, del dolor, se trate del nuestro o del de nuestros

191. Esa imagen del «cercado» que se repite varias veces en el texto tiene su origen en la figura de Job, cf. ibíd., p. 38: «Dormimos el sueño confiado de los que creen, como Job, que están protegidos por un cercado». Véase también ibíd., p. 51: «[Job] Ha perdido algo esencial: la seguridad del cercado».

192. Ibíd., p. 39.

193. Ibíd., p. 38.

seres queridos. Al tener que afrontar personalmente la enfermedad de su hijo, la experiencia de la Amenaza, con esa mayúscula que indica su angustia vital, Marion Muller-Colard identifica los contratos que firma cada uno con su «dios» para asegurar lo suyo y lo de sus seres queridos, que falseaban su relación con Dios.[194]

Al ir pasando por esas catástrofes personales, algo se fisura en nuestro interior. Algo que tiene que ver con nuestra representación del orden del mundo, con el planteamiento del sentido de nuestra existencia, con la idea de lo justo y de lo injusto. Descubrimos que esas imágenes inconscientes de un equilibrio del mundo, de un cálculo de las alegrías y de las penas, de un equilibrio de los retos que se nos plantean a cada uno no son más que algo que nos hemos construido nosotros mismos, los muros de una «fortaleza de seguridad»[195] que nos protege de la infelicidad. La realidad es «eso contra lo que chocamos»,[196] recuerda Marion Muller-Colard, citando a Lacan; nos sumergimos en «la mala vida como [en] un baño de agua helada».[197] La realidad a veces nos «acosa» como un animal de presa.[198] Dejamos de estar del lado de los espectadores, de los que se conmueven ante las imágenes de sufrimiento, pero que pueden apagar la pantalla con un gesto de la mano. Nos situamos en la angustia de la pérdida, en el dolor de un sufrimiento —el

194. Cf. ibíd., p. 82: en un análisis muy crítico con su propia fe, Marion Muller-Colard evoca su «contrato inconsciente de protección» con Dios.

195. Ibíd., p. 55, adoptando la expresión usada por Paul Tillich en su obra *El coraje de existir*.

196. Ibíd., p. 97.

197. Ibíd., p. 102.

198. Ibíd., p. 56.

nuestro o el de un ser querido— que no conseguimos atenuar. Marion Muller-Colard relata su experiencia, cuando veía, embarazada «con la pantalla protectora del televisor de por medio» un documental de niños hospitalizados en la unidad pediátrica del Hospital Necker de París, para encontrarse unos meses más tarde ella misma, con su hijo, en un servicio de reanimación.[199]

¿Qué podemos pensar en ese momento? Que eso no estaba en el contrato.[200] ¡Qué absurdo, ver esa vida apenas iniciada, languideciendo y apagándose a las pocas semanas de existencia! Eso no estaba en el contrato, porque no hay contrato. Porque las cosas no pasan como uno se las imagina. Porque en nuestro universo racional desarrollamos una extraña complicidad entre una lógica de planificación de las cosas y la creencia irracional de que bastará planificarlas para que salgan tal como nos las hemos planteado mentalmente. Resulta sorprendente ver que nos obstinamos en creer, que nos deleitamos con la idea de que una vida puede escribirse y desarrollarse siguiendo planes, proyecciones, mientras que lo único seguro —la aparición inevitable de un imprevisto, de un accidente, de una brecha en la continuidad de una existencia— es lo que nos negamos a pensar.[201] Nos prohibimos pensar en la amenaza, en el riesgo inherente a nuestras vidas. Todos nos consideramos protegidos, como por arte de magia. Como si eso formara parte de un contrato tácito.

Las rupturas que manifiestan esa realidad del riesgo de toda vida, el riesgo de la pérdida, nos enfrentan con nuestra vulnerabilidad y nuestra impotencia:

199. Ibíd., pp. 35-36.

200. Ibíd., p. 37.

201. Ibíd., p. 70: «Mal que nos pese, la irreductible Amenaza del destino planea sobre la vida de todos nosotros».

Un día una se encuentra vagando por los pasillos de un hospital con la mirada enloquecida de la gata que no encuentra a sus cachorros. Contempla, impotente, un cuerpo minúsculo y libre de toda sospecha que lucha sólo por respirar, ese cuerpecito que ha puesto en el mundo sin la menor preocupación. Y en ese momento no sabe ya a quién recurrir. No tiene ni idea de en manos de quién había puesto hasta entonces la vida de su hijo.[202]

Tras un espanto de tales dimensiones, el miedo no nos abandona nunca más. Se cuela bajo nuestra epidermis, situándose en la superficie de nuestro ser, al acecho de cualquier señal de una nueva amenaza. ¿Cómo se puede seguir viviendo si «no hay parche que consiga tapar el pinchazo»?[203]

A continuación pueden incluso darse episodios de desaparición del individuo afectado, de anulación, de retirada. Destrozado, devastado por el desastre, no soporta ya el contacto de una realidad que sigue pareciéndole demasiado dura. Se hunde, pero una vez pasado el incidente dramático, después de haberlo soportado. La ruptura nos deja expuestos, en un estado de desnudez física tal que no vemos otra opción que sumirnos en el abandono. Quizá porque hay que pasar por esas «noches de la identidad personal»,[204] esos momentos de alejamiento de uno mismo, para renacer otra vez a la vida, recuperar la vitalidad y una cierta forma de adhesión y de confianza.

202. Ibíd., p. 81.

203. Ibíd., p. 49.

204. Paul Ricœur, *Soi-même comme un autre*, Seuil (col. Points), París, 1990, p. 197. Véase también ibíd. p. 196: «Podría ser que las transformaciones más dramáticas de la existencia requieran pasar por la dura prueba del vacío de identidad, el equivalente a la caja vacía en las transformaciones».

¿Cómo pasar del «momento en que nos damos cuenta de que la vida no puede vivirse con una garantía [a] ése en que seremos capaces de seguir levantándonos por la mañana sin certezas, ni perfección, ni seguridad absoluta»?[205]

¿Cómo volver a la existencia sin esa despreocupación de la que hemos gozado hasta el momento de la catástrofe, cómo vivir con la incertidumbre, sobre las ruinas de nuestra antigua confianza? ¿Qué hacer cuando la terrible experiencia nos ha roto, nos ha vaciado, dejándonos sin sangre, sin energía?[206] ¿Cómo no vamos a dejarnos «engullir» por la incertidumbre, por el temor a una nueva tragedia?[207] «¿Dónde se encuentra el coraje de existir, a pesar de la Amenaza?»,[208] se pregunta Marion Muller-Colard.

En la alegría. Correr el riesgo de vivir es apostar por las alegrías posibles. Y tener la fuerza de recordar, incluso en la noche más trágica, el destello de felicidad que esconde.

«Transitamos por abismos y por lugares maravillosos, pese a lo corta que pueda ser una vida. Esa vida pequeña pero inmensa de mi hijo...»[209]

Quizá sea simplemente en esa «sonrisa [de los niños] que hace que nos estalle el pecho»[210] donde podemos reencontrar la fuerza para afrontar la incertidumbre de la vida y el coraje de existir.

205. Marion Muller-Colard, op. cit., p. 55.

206. Cf. ibíd., p. 31: «Ahora que con el verano debía estar celebrando la resurrección del mundo y la de mi hijo, seguía postrada en la penumbra, incapaz de disfrutar del día, ni de programar una lavadora».

207. Cf. ibíd., p. 99.

208. Ibíd., p. 54.

209. Ibíd., p. 109.

210. Ibíd.

Bibliografía

Andreas-Salomé, Lou, y Rilke, Rainer Maria, *Correspondencia*, Olañeta, Palma de Mallorca, 2004.

Autréaux, Patrick, *Dans la vallée des larmes*, Gallimard, París, 2009.

—, *Se survivre*, Verdier, Lagrasse, 2013.

Barthes, Roland, *Fragmentos de un discurso amoroso*, Ediciones Paidós, Barcelona, 2011.

Beauvoir, Simone de, *La mujer rota*, Edhasa, Barcelona, 2001.

Bergounioux, Pierre, *Exister par deux fois*, Fayard, París, 2014.

Bergson, Henri, «Conférence de Madrid sur la personnalité» (1916), en *Mélanges*, PUF, París, 1972.

—, *Matière et mémoire*, PUF (col. Quadrige), París, 1990.

—, *Le Rire*, PUF, París, 1991.

—, *Le Souvenir du présent et la fausse reconnaissance*, PUF, París, 2012.

Birman, Chantal, *Au monde. Ce qu'accoucher veut dire*, Seuil (col. Points), París, 2009.

Bobin, Christian, *La part manquante*, Gallimard, (col. Folio), París, 1994.

Bouillier, Grégoire, *Le Dossier M*, Gallimard, París, t. I, 2017, t. II, 2018.

Butor, Michel, *La modificación*, Ediciones Cátedra, Madrid, 1988.

Canguilhem, Georges, *Le Normal et le pathologique*, PUF (col. Quadrige), París, 2013.
Chabert, Catherine, *Maintenant, il faut se quitter*, PUF, París, 2017.
Cocteau, Jean, *La voz humana*, Nuevo Arte Thor, Barcelona, 1986.
Cohen, Albert, *Bella del señor*, Anagrama (col. Compactos), Barcelona, 2006.
Delabroy-Allard, Pauline, *Voy a hablar de Sarah*, Lumen, Barcelona, 2019.
Delecroix, Vincent, *Ce qui est perdu*, Gallimard (col. Folio), París, 2009.
—, y Forest, Philippe, *Le Deuil*, Philo Éditions, París, 2015.
—, *Non ! De l'esprit de révolte*, Autrement, París, 2018.
Deleuze, Gilles, y Parnet, Claire, *L'Épuisé*, epílogo de Beckett, Samuel, *Quad*, Éditions de Minuit, París, 1992.
—, *Crítica y clínica*, Anagrama (col. Argumentos), Barcelona, 2006.
—, *Dialogues*, Flammarion (col. Champs), París, 2008.
Dufourmantelle, Anne, *Puissance de la douceur*, Payot & Rivages, París, 2013.
—, *En cas d'amour*, Payot & Rivages, París, 2013.
—, *Se trouver*, JC Lattès, París, 2014.
—, *Éloge du risque*, Payot & Rivages, París, 2014.
—, *La Sauvagerie maternelle*, Payot & Rivages, París, 2016.
Duras, Marguerite, «Carta de ruptura a Yann Andréa», 23 de diciembre de 1980.
—, *El arrebato de Lol V. Stein*, Tusquets Editores (col. Andanzas), Barcelona, 1987.
—, *La vida material*, Plaza & Janés, Barcelona, 1993.
—, *El amante*, Tusquets Editores (col. Andanzas), Barcelona, 2010.
During, Élie, «Introduction», en Henri Bergson, *Le Souvenir du présent et la fausse reconnaissance*, PUF (col. Quadrige), París, 2012.

Duroy, Lionel, *Le Chagrin*, J'ai lu, París, 2011.
Ehrenberg, Alain, *La Fatigue d'être soi*, Odile Jacob, París, 1998.
Eribon, Didier, *Regreso a Reims*, Libros del Zorzal, Buenos Aires, 2015.
Ernaux, Annie, *Se perdre*, Gallimard (col. Folio), París, 2001.
—, *Écrire la vie*, Gallimard (col. Quarto), París, 2011.
—, *Mémoire de fille*, Gallimard (col. Folio), París, 2016.
—, *Pura pasión*, Tusquets Editores (col. Andanzas), Barcelona, 2019.
Fitzgerald, Francis S., *La Fêlure*, Gallimard (col. Folio), París, 2014.
Flem, Lydia, *Cómo vacié la casa de mis padres*, Alberdania, Irún, 2006.
—, *Comment je me suis séparée de ma fille et de mon quasi-fils*, Seuil, París, 2009.
Forest, Philippe, *Le nouvel amour*, Éditions de Minuit, París, 2007.
Freud, Sigmund, «Duelo y melancolía». En *Obras Completas*, Editorial Biblioteca Nueva, Madrid, 1981.
Gestern, Hélène, *Un vertige*, suivi de *La Séparation*, Arléa, París, 2017.
Gobeil-Noël, Madeleine, y Claude Lanzmann, *Sartre inédit. Entretien et témoignages. Entretien à la télévision Radio Canada (15 août 1967)*, DVD, Nouveau Monde Éditions, París, 2005.
Hornby, Nick, *Alta fidelidad*, Anagrama (col. Compactos), Barcelona, 2019.
Jaquet, Chantal, *Les Transclasses ou la Non-reproduction*, PUF, París, 2014.
Juliet, Charles, *Dans la lumière des saisons*, P.O.L, París, 1991.
—, *Attente en automne*, P.O.L, París, 1999.
—, *Lambeaux*, Gallimard (col. Folio), París, 2005.
—, *L'Année de l'éveil*, Gallimard (col. Folio), París, 2006.
Kafka, Franz, *La metamorfosis*, Alianza Editorial, Madrid, 2011.
Kierkegaard, Søren, *O lo uno o lo otro*, Trotta, Madrid, 2007.
—, *La repetición*, Alianza Editorial, Madrid, 2009.

Kundera, Milan, *El libro de los amores ridículos*, Grijalbo Mondadori, Barcelona, 2000.
Le Breton, David, *Desaparecer de sí*, Siruela, Madrid, 2016.
Malabou, Catherine, *Ontología del accidente*, Tarahumara, Madrid, 2018.
Malherbe, Michel, *Alzheimer. La vie, la mort, la reconnaissance*, Vrin, París, 2015.
Mauvignier, Laurent, *Apprendre à finir*, Éditions de Minuit, París, 2009.
Michaux, Henri, *Plume*, Gallimard, París, 1963.
—, *Bras cassé*, Fata Morgana, Montpellier, 2009.
Muller-Colard, Marion, *L'Autre Dieu. La Plainte, la Menace et la Grâce*, Labor et Fides, Ginebra, 2015.
—, *Le Jour où la Durance*, Gallimard (col. Sygne), París, 2018.
Neruda, Pablo, *Estravagario*, Seix Barral, Barcelona, 2018.
Nietzsche, Friedrich, *Sobre la utilidad y los perjuicios de la historia para la vida*, Editorial Edaf, Madrid, 2000.
—, *Segunda consideración intempestiva*, Libros del Zorzal, Buenos Aires, 2006.
O'Connor, Flannery, *El hábito de ser*, Ediciones Sígueme, Salamanca, 2004.
Pontalis, J.-B., *Se perdre de vue*, Gallimard (col. Folio), París, 1999.
—, *Al margen de las noches*, Paidós, Barcelona, 2014.
—, *Marée basse, marée haute*, Gallimard (col. Folio), París, 2014.
—, *Œuvres*, Gallimard (col. Quarto), París, 2015.
Potte-Bonneville, Mathieu, *Recommencer*, Verdier, Lagrasse, 2018.
Ricœur, Paul, *Soi-même comme un autre*, Seuil (col. Points), París, 1996.
Rosenthal, Olivia, *On n'est pas là pour disparaître*, Gallimard (col. Verticales), París, 2007.
Rosset, Clément, *Loin de moi*, Éditions de Minuit, París, 2000.
—, *Tropiques. Cinq conférences mexicaines*, Éditions de Minuit, París, 2010.

Schütz, Alfred, *L'Étranger,* suivi de *L'homme qui revient au pays*, Allia, París, 2003.

Spinoza, *Obras completas: Ética y tratados menores*, Clásicos Bergua, Madrid, 1971.

Valéry, Paul, *Œuvres*, Gallimard (col. Bibliothèque de la Pléiade), París, t. I, 2002.

Wauters, Antoine, *Pense aux pierres sous tes pas*, Verdier, Lagrasse, 2018.

Winnicott, Donald, *Conversations ordinaires*, Gallimard (col. Folio Essais), París, 1988.

Impreso en Huertas Industrias Gráficas, S. A.
Polígono Industrial El Palomo, nave 21
28946 Fuenlabrada (Madrid)